T0312855

CREATIVIDAD Y

RESOLUCIÓN DE PROBLEMAS

CREATIVIDAD Y
RESOLUCIÓN DE PROBLEMAS

BRIAN TRACY

Grupo Nelson
Una división de Thomas Nelson Publishers
Desde 1798

NASHVILLE   MÉXICO DF.   RÍO DE JANEIRO

© 2016 por Grupo Nelson®
Publicado en Nashville, Tennessee, Estados Unidos de América.
Grupo Nelson, Inc. es una subsidiaria que pertenece completamente
a Thomas Nelson, Inc.
Grupo Nelson es una marca registrada de Thomas Nelson, Inc.
www.gruponelson.com

Título en inglés: *Creativity and Problem Solving*
© 2015 por Brian Tracy
Publicado por AMACOM, una división de American Management Association,
International, Nueva York. Todos los derechos reservados.

Editora General: *Graciela Lelli*
Traducción y edición: *www.produccioneditorial.com*
Adaptación del diseño al español: *www.produccioneditorial.com*

ISBN: 978-0-71803-363-7

Impreso en Estados Unidos de América
20 21 LSCC 9 8 7 6 5 4 3

CONTENIDO

Introducción

LAS HABILIDADES de pensamiento creativo son vitales para tu éxito. El gerente promedio gasta un cincuenta por ciento o más de su tiempo resolviendo problemas, a solas o con otros. Tu capacidad para hacer frente a las dificultades y resolver problemas determinará, más que ninguna otra cosa, todo lo que suceda en tu carrera. De hecho, se puede decir que un individuo con pobres habilidades de pensamiento creativo quedará relegado a trabajar para aquellos que tengan habilidades de pensamiento creativo mejor desarrolladas.

La buena noticia es que la creatividad es una *habilidad*, como andar en bicicleta o trabajar con un ordenador, que puede aprenderse y desarrollarse con la práctica. Además, parece que hay una relación directa entre la *cantidad* de nuevas ideas que generas en tu trabajo y el nivel de éxito que logras. Una nueva idea o perspectiva puede ser suficiente para cambiar la dirección de una carrera o de una compañía entera. La rentabilidad, ingresos y perspectivas de futuro para ti y tu empresa pueden depender de tu aportación creativa.

Recuerda, todo lo que eres o serás vendrá como resultado de la forma en que uses tu mente. Si mejoras la calidad de tu pensamiento, mejorarás tu calidad de vida.

Este libro está diseñado para darte una serie de técnicas y métodos prácticos y probados que puedes utilizar, desde ya, para generar una corriente de ideas para mejorar la vida y el trabajo. Cada método de este libro, cuando sea practicado, te dará mejores resultados de los que consigues ahora. A veces los resultados te sorprenderán.

Por desgracia, la gran mayoría de las personas usan poco o nada en absoluto el pensamiento creativo. Están atrapadas en una *zona de confort* en la que se esfuerzan por mantener la coherencia con lo que han hecho y dicho en el pasado. Esta es la razón por la que Emerson escribió: «Una consistencia necia es el duende de las mentes pequeñas».

Se pierde así una de las grandes oportunidades para el progreso y el éxito que existen, y que está disponible para todos.

Vamos a comenzar una nueva forma de mirar el mundo.

UNO

Las raíces primordiales de la creatividad

TODO EL MUNDO es creativo. La creatividad es una característica natural y espontánea de las personas positivas con alta autoestima. Las empresas que crean un ambiente de trabajo positivo reciben un flujo constante de ideas de todo el personal.

¿Cuáles son los factores que determinan en gran medida tu creatividad? Hay tres. El primero son tus *experiencias pasadas*. Lo que te haya sucedido en el pasado tiene un efecto importante en la determinación de cómo de creativo eres en el presente.

Influencia del pasado

Parece que la gente creativa, a causa de sus antecedentes, se considera a sí misma altamente creativa. Generar ideas es normal y natural para ellos.

La gente no creativa, por el contrario, a menudo ha tenido ambientes negativos, comenzando en la infancia y continuando por diferentes puestos de trabajo, en los que por lo general han aceptado que no son particularmente creativos en absoluto. Incluso cuando tienen buenas ideas, que suelen tenerlas, rechazarán o ignorarán esas ideas, creyendo que si ellos son la fuente, sus ideas no pueden ser nada buenas.

Cuando trabajes (o hayas trabajado) para una empresa donde se animen y estimulen tus ideas, donde tus jefes y compañeros de trabajo traten tus ideas con respeto e interés, te sentirás más creativo en tu trabajo.

Poder del presente

El segundo factor que determina tu creatividad es tu *situación actual*. ¿Hay un montón de estímulo para nuevas ideas en tu lugar de trabajo? ¿La gente se ríe en compañía y se involucra en la discusión de las ideas, o tus ideas son ridiculizadas y criticadas?

En la década de 1990, Eastman Kodak era una empresa de 60 mil millones de dólares y 140.000 empleados. Dominaba el mundo del celuloide, como había hecho durante muchas décadas. Entonces, después de muchos años de trabajo, los científicos e investigadores de Eastman Kodak descubrieron un nuevo proceso llamado «fotografía digital» que no requería del celuloide para tomar e imprimir fotografías. Cuando llevaron este descubrimiento a sus altos directivos, fueron duramente criticados y les dijeron: «Esta idea no es buena; Kodak es una compañía de película y esta tecnología no requiere de celuloide».

Se les hizo volver a sus oficinas y laboratorios y se les dijo que se olvidasen de esta nueva tecnología puntera. El resto es historia. En pocos años, los fabricantes de cámaras japoneses dieron el salto con la idea de la fotografía digital, fabricando nuevas cámaras digitales una detrás de otra, y pronto Kodak estuvo acabada.

La persona que ves

El tercer factor que determina tu creatividad es tu *auto-imagen*. ¿Te consideras una persona creativa? ¿Te ves muy creativo, o no? Muchos estudios indican que el noventa y cinco por ciento de las personas demuestran potencial para actuar en altos niveles de creatividad. El trabajo realizado por Howard Gardner en la Universidad de Harvard llegó a la conclusión de que hay varias maneras diferentes de pensar, y que cada persona es un genio potencial en al menos un área. Lo que esto significa es que la clave para desbloquear tu creatividad es comenzar a pensar en ti mismo como una persona altamente creativa.

El juego interior

Timothy Gallwey, en su libro *El juego interior del golf*, enseña que el camino para convertirte en mejor jugador de golf es imaginar que ya eres un jugador superior y jugar al golf como si ya estuvieras en niveles de campeonato. El acto mismo de pensar en ti como un excelente golfista mejora tu *swing* de golf y tu *drive* y *putting* casi inmediatamente.

De la misma manera, el modo de aumentar tu creatividad es imaginar que ya eres una persona altamente creativa. Repítete a ti mismo, una y otra vez: «¡Soy un genio! ¡Soy un genio! ¡Soy un genio!».

Visualízate e imagínate a ti mismo como una persona altamente creativa. Imagina que eres tan creativo que no hay ningún problema en tu mundo que no puedas resolver mediante el uso de tu mente creativa. Imagina que no hay una meta que no puedas lograr mediante el desarrollo de ideas para su realización. Imagina que no hay obstáculo que no puedas superar cuando apliques tu mente creativa, como un rayo láser cortando el acero, para eliminar el obstáculo.

La buena noticia es que todo el mundo es intrínsecamente creativo. La creatividad es una herramienta que proporciona la naturaleza para asegurar la supervivencia del hombre, y para hacer frente a los problemas y desafíos inevitables de la vida cotidiana. La única diferencia es que algunas personas utilizan una gran cantidad de su creatividad innata, y algunas personas usan muy poca.

EJERCICIOS PRÁCTICOS

1. Identifica tu mayor objetivo único en la vida de hoy. ¿Cuál es, y qué acción podrías tomar de inmediato para acercarte un poco más a ese objetivo?

2. Identifica el mayor problema u obstáculo que se interpone entre tú y tu objetivo más importante. ¿Qué acción podrías tomar de inmediato para resolver ese problema o eliminar ese obstáculo?

DOS

Tres desencadenantes de la creatividad

A VECES LAS PERSONAS me dicen que no se sienten particularmente creativas. Yo les aseguro que nacen con mucha más creatividad de la que jamás podrán usar. Su trabajo consiste en despertar y desbloquear su creatividad inherente.

Me gusta utilizar este ejemplo: imagina que te sirves una taza de café y añades azúcar. Luego te llevas la taza a los labios, pero el café todavía sabe amargo y sin endulzar. ¿Qué ha sucedido? La respuesta evidente es que olvidaste remover el café y disolver el azúcar en la bebida.

Tu creatividad es muy similar. Es como el azúcar en el fondo de la taza de café. Tiene que ser removida para que se disuelva y se extienda por toda la taza de café.

Los tres factores

Al igual que remueves el azúcar en el café, tu creatividad se agita de forma natural por tres factores, todos los cuales están bajo tu control.

OBJETIVOS INTENSAMENTE DESEADOS

Cuanta mayor claridad tengas acerca de lo que realmente quieres y más positivo y emocionado estés por lograr ese objetivo, más creativo serás, y más ideas se te ocurrirán. Cuanto más quieres algo, más probable es que encuentres maneras creativas para lograrlo. Es por ello que se dice que «no hay personas no creativas, sino personas sin un deseo suficientemente intenso por sus metas».

Determina el objetivo único que, si lo lograras, tendría el mayor impacto positivo en tu vida. Escríbelo claramente sobre el papel de forma que un niño pudiera entender tu meta. Esta acción misma de decidir lo que quieres más que nada desencadenará casi al instante ideas para las acciones que puedes tomar para lograr ese objetivo.

PROBLEMAS ACUCIANTES

Estos son algunos de los mayores estimulantes de todos los que llevan a una mayor creatividad. Si hay un problema o un obstáculo que te impide lograr algo que es importante para ti, te sorprenderá lo creativo que puedes llegar a ser en tu capacidad para eliminarlo.

La claridad es esencial para el pensamiento creativo. Aquí hay una manera de obtener una mayor claridad: en primer lugar, decide tu meta u objetivo. ¿Qué es lo que realmente quieres en un área particular de tu vida? Luego pregúntate: «¿Por qué no estoy *ya* en esta meta u objetivo? ¿Por qué no he alcanzado *ya* este objetivo?».

Luego pregúntate: «De todas las razones por las que aún no he logrado mi objetivo, ¿cuál es la razón mayor y más importante?».

Una vez hayas identificado el mayor obstáculo o dificultad que te frena para alcanzar tu meta más importante, tu mente empezará a generar una idea tras otra para resolver ese problema o eliminar ese obstáculo.

PREGUNTAS CENTRADAS

Tu capacidad de formularte, a ti mismo y a otros, preguntas que te obliguen a pensar profundamente acerca de tu situación es un importante estímulo para la creatividad. En su libro *Empresas que sobresalen*, Jim Collins dice que una marca de las grandes empresas es que los ejecutivos están dispuestos a hacerse las «preguntas brutales» que los obligan a pensar profundamente acerca de su situación.

Peter Drucker es famoso por decir: «Yo no soy asesor. Soy *insultador*. No doy respuestas; simplemente hago a la gente las preguntas difíciles que necesitan tener en cuenta para encontrar sus propias respuestas».

A lo largo de este libro, descubrirás una serie de preguntas que puedes hacer y contestar para desbloquear más de tu creatividad y permitirte entrar en el núcleo de un asunto. Cuanto más precisas y enfocadas sean las preguntas que utilices, más rápidamente funcionarán tus reflejos creativos para generar respuestas viables.

Prueba tus suposiciones

Una de las maneras más eficaces de desencadenar la creatividad es poner continuamente a prueba tus suposiciones. Asegúrate de que las metas, los problemas y las preguntas que generas son reales para tu vida y situación. No te hace ningún bien concentrarte en las metas o los problemas equivocados.

Pregúntate continuamente: «¿Cuáles son mis suposiciones?». Recuerda, muchas de tus suposiciones acerca de tu vida, el trabajo, los clientes, el dinero, el mercado y los demás son incorrectas o están parcialmente equivocadas. A veces son completamente equivocadas.

¿Cuáles son tus suposiciones *obvias*? ¿Cuáles son tus suposiciones ocultas o inconscientes? Y, sobre todo, ¿qué pasaría si tus suposiciones más preciadas fuesen incorrectas?

Las suposiciones falsas yacen en la raíz de cada fracaso. Cada vez que te enfrentes a problemas, resistencias o dificultades, pregúntate: «¿Cuáles son mis suposiciones? ¿Qué pasa si mis suposiciones son incorrectas?».

EJERCICIOS PRÁCTICOS

1. ¿Qué única meta, si la lograras, tendría el mayor impacto positivo en tu carrera o negocio?

2. ¿Qué importante suposición estás haciendo sobre tu negocio o vida personal que, si resultara no ser cierta, te obligaría a hacer algo totalmente distinto?

TRES

El método de la lluvia de ideas

¿**RECUERDAS** la metáfora de remover el azúcar en el café? Tú tienes enormes reservas de creatividad que puedes fomentar y estimular con el uso de una variedad de técnicas. El método de la lluvia de ideas es uno de ellos.

Según el experto en el cerebro Tony Buzan, tu cerebro tiene cerca de cien mil millones de células, cada una de las cuales está conectada directa o indirectamente a través de los ganglios y dendritas a aproximadamente otras veinte mil células. Matemáticamente, esto significa que el número de ideas o pensamientos que puedes generar es de cien mil millones elevado a veinte mil, el equivalente al número uno seguido de ocho páginas de ceros, una línea detrás de otra. El número de pensamientos que puedes tener es mayor que el número de moléculas que hay en el universo conocido. ¡Eres un genio en potencia!

Fomentar la herramienta mental

La lluvia de ideas es una de las formas más potentes jamás descubierta para resolver problemas y alcanzar metas creativamente. Es una forma de usar preguntas enfocadas para concentrar el poder de tu mente en una sola pregunta. Según mi experiencia, más personas se han convertido en ricas y exitosas con el uso de este método simple que con cualquier otra clase de técnica de pensamiento creativo que se haya desarrollado. En nuestros seminarios lo llamamos «el método de las veinte ideas».

La razón de que este método sea tan poderoso es que es muy simple.

Primero, toma una hoja de papel y escribe tu problema más apremiante o meta en la parte superior de la página en forma de *pregunta*. Por ejemplo, si tu objetivo es duplicar tus ventas y rentabilidad en los próximos dos años, la pregunta sería:

> ¿Qué podemos hacer para duplicar nuestras ventas y rentabilidad en los próximos veinticuatro meses?

Cuanto más específica sea la pregunta, mejor. Una mejor pregunta es definir tu meta numérica o financieramente.

> ¿Qué podemos hacer para incrementar nuestras ventas de cinco a diez millones anuales, en los próximos veinticuatro meses?

Genera veinte respuestas

A continuación, comienza a escribir respuestas, en primera persona, utilizando un verbo de acción específico en tu respuesta.

Por ejemplo, puedes decir: «Contratamos y formamos a veintidós nuevos vendedores». O tal vez escribir: «Presentamos tres nuevos productos a nuestros clientes en los próximos doce meses».

Disciplínate para seguir escribiendo hasta que generes al menos veinte respuestas. Puedes hacer esto a solas con un bloc de papel, o en grupo utilizando una pizarra o panel. Pero debes disciplinarte para generar un mínimo de veinte respuestas en este ejercicio.

Cuatro maneras de cambiar

Por lo general solo hay cuatro maneras diferentes con las que puedes lograr cualquier meta o resolver cualquier problema. En primer lugar, puedes hacer *más* de algunas cosas. En segundo lugar, puedes hacer *menos* de otras. En tercer lugar, puedes *empezar* a hacer algo completamente nuevo. Y cuarto, puedes *detener* ciertas actividades en conjunto.

Mientras concibes tus veinte respuestas, sigue preguntándote: «¿De qué debería hacer más y de qué menos? ¿Qué debería comenzar o dejar de hacer?».

En este ejercicio, el primer par de respuestas serán bastante simples. Fácilmente concluirás que podías hacer «más o menos» de ciertas actividades.

Las siguientes cinco respuestas serán más difíciles. Estarás buscando cosas que podrías comenzar a hacer o dejar de hacer.

Las diez últimas respuestas serán las más difíciles de todas, y a veces la vigésima respuesta será tan difícil que sentirás el deseo de rendirte. Pero debes forzarte a escribir como mínimo veinte respuestas.

Es sorprendente la de veces que nos encontramos con que la vigésima respuesta, la que requiere el trabajo mental más difícil para su invención, es la respuesta clave que transforma el negocio o cambia completamente la vida de una persona.

Apunta a la cantidad, no a la calidad

Cada vez que generas y escribes físicamente una respuesta, desentumeces y estimulas tus habilidades creativas. No te preocupes por la calidad, solo por la cantidad. Anota la primera idea que se te ocurra, y luego escribe lo opuesto a esa idea. A continuación, escribe una síntesis de las dos. Anota hasta las respuestas ridículas. Solo oblígate a generar por lo menos veinte respuestas, y por sorprendente que parezca, a veces una respuesta te saltará de la página. Muchos de mis estudiantes han descubierto que este método los ayudó a resolver un problema con el que habían estado luchando durante seis meses o más.

Toma medidas de inmediato

Una vez que hayas generado veinte respuestas a tu pregunta, revísalas y selecciona al menos una idea para poner en práctica en seguida. Mediante la implementación de una idea inmediatamente, mantienes tu energía creativa en movimiento hora tras hora. Si haces de esto el primer ejercicio por la mañana antes de empezar a trabajar, te hallarás pensando creativamente durante todo el día, igual que si hubieras trabajado físicamente por la mañana. Te sentirás más saludable y más alerta durante todo el día.

Una de las cosas más difíciles para cualquier persona es hacer algo nuevo o diferente. Cuando generes una gran idea, debes plantearte de inmediato superar la inercia natural que hace que te retrases o pospongas las cosas, la «zona de confort» en la que puedes fácilmente deslizarte, en lugar de tomar medidas sobre la nueva idea.

Tendrás perspectivas e ideas que te sorprenderán a ti y a las personas que te rodean.

EJERCICIOS PRÁCTICOS

1. Toma tu mayor problema o meta de hoy y anótalo en la parte superior de una página en forma de pregunta.

2. Disciplínate para generar veinte ideas o respuestas a tu pregunta en una sola sesión, sin levantarte o moverte.

CUATRO

Preguntar para estimular la creatividad

LA MENTE CREATIVA se estimula y activa a la acción por medio de preguntas enfocadas. Cuantas más preguntas hagas, y mejores sean, más precisa y creativa será tu forma de pensar. Las preguntas focalizadas son la marca de una persona verdaderamente inteligente. Cuando aprendes a hacer preguntas enfocadas de ti mismo, puedes hacer preguntas enfocadas de otras personas. Estas son algunas de las preguntas más importantes.

¿Qué estamos tratando de hacer?
Esta es una de las preguntas más importantes para hacerte en los negocios y en la vida personal. Es increíble la cantidad de personas que no tienen claro exactamente qué es lo que están tratando de lograr en un momento dado.

El autor Benjamin Tregoe escribió una vez: «El peor uso del tiempo es hacer muy bien lo que no es necesario hacer en absoluto».

George Santayana escribió: «El fanatismo es redoblar tus esfuerzos cuando tu objetivo ha sido olvidado».

Muchas personas trabajan muy duro en los negocios, a veces durante largas horas y durante los fines de semana, pero aquello en lo que están trabajando no es particularmente importante o relevante para los objetivos y las metas generales del negocio.

Cada vez que sientas que las cosas están yendo demasiado rápido, que estás logrando cada vez menos resultados mientras trabajas más y más duro, probablemente es el momento de que pidas «tiempo muerto». Detén el reloj. Cierra la puerta, apaga los dispositivos electrónicos y tan solo pregúntate: «¿Qué estamos realmente tratando de hacer?».

La revista *The Economist* informó de un estudio de veinte años que abarcaba a 22.000 empresas durante diez años y empleaba a 150 investigadores. El objetivo era determinar el nivel de competencia gerencial de una empresa y en un país, y las razones de ese nivel. Los investigadores establecieron tres elementos para determinar la efectividad gerencial total: 1) el establecimiento de objetivos claros; 2) el establecimiento de medidas de rendimiento; y 3) la recompensa por un rendimiento elevado.

En todos los casos, la capacidad de establecer objetivos claros para la empresa, para cada departamento o división, y para cada persona de la organización fue el punto de partida de una gestión eficaz que llevó a un rendimiento y resultados superiores. ¿Qué estás realmente tratando de hacer?

¿Cómo estamos tratando de hacerlo?

Cada vez que te enfrentes con problemas, obstáculos, resistencia o desafíos externos en el cumplimiento de tus metas personales y de negocios, para el reloj una vez más. Piensa sobre el papel. Mira los procesos que estás utilizando para llegar desde donde estás hasta donde quieres ir.

¿Podría ser que estés en el camino equivocado? ¿Podría ser que la forma en que estás tratando de alcanzar tus metas ya no funcione, pueda estar obsoleta, y necesites emprender actividades completamente diferentes?

Geoffrey Colvin, de la revista *Fortune*, escribió un artículo sobre la innovación del modelo de negocio. Su conclusión fue que la mayoría de las empresas funcionan con modelos de negocio obsoletos. Lo que es peor, si estás en un negocio basado en la información, vendiendo activos intangibles de cualquier tipo, las probabilidades de que lo estés haciendo mal en tu negocio son aproximadamente del noventa por ciento.

Cuando Apple anunció el iPhone en 2006, Nokia y BlackBerry lo despreciaron como «un juguete, una moda temporal que pronto se olvidará». Asumieron que su dominio del mercado era inexpugnable.

Un ejecutivo de BlackBerry dijo con arrogancia respecto al iPhone: «Nadie quiere aplicaciones». Hoy, Apple ofrece 1.2 millones de aplicaciones diferentes que permiten a los usuarios de iPhone realizar casi cualquier función personal o laboral que quieran, y numerosas funciones con las que jamás habían soñado. En 2013, las cuotas de mercado de Nokia y BlackBerry se habían reducido un noventa por ciento y las empresas quebraron casi totalmente, quedando relegadas en los libros de historia de los negocios como esos líderes de mercado que se equivocaron al preguntar: «¿Cómo estamos tratando de hacerlo? ¿Cómo estamos tratando de mantener nuestro dominio en el mercado de los teléfonos móviles?».

¿En qué ámbitos de tu negocio puedes estar ciego, como Nokia y BlackBerry lo estuvieron, frente a giros y cambios fundamentales del mercado que estén dejando obsoletas partes de tu modelo de negocio?

¿Qué resultado o beneficio deseas?

¿Cuál sería el resultado o solución ideal a un problema o meta particular que tengas hoy?

Imagina que tienes una varita mágica. Puedes agitar esta varita sobre tu negocio actual y hacerlo ideal en todos los aspectos. Si tu situación empresarial actual, en términos de productos, servicios, personas, beneficios y resultados, fuese ideal en todos los sentidos, ¿qué la diferenciaría a la de hoy?

Gordon Moore y Andrew Grove convirtieron a Intel en líder mundial de la producción de microchips y en un negocio multimillonario. Pero los taiwaneses, japoneses y coreanos comenzaron a producir microchips de calidad similar o superior a precios mucho más bajos, inundando el mercado estadounidense y haciendo desplomar las ventas de los productos de Intel.

Como ellos lo cuentan, ambos estaban un día sentados en la oficina de Grove. Se preguntaron: «Si el consejo de administración de Intel nos despidiera y pusiera una nueva dirección, ¿qué haría esa administración de manera diferente a nosotros?».

Inmediatamente coincidieron en que la nueva administración saldría del negocio de la fabricación de chips de consumo masivo y cambiaría todos los activos y recursos de Intel a la fabricación de microprocesadores para la nueva generación de ordenadores personales. Así que eso fue lo que hicieron. A continuación, convirtieron a Intel en una de las empresas más grandes y rentables del mundo. Tuvieron el valor y la visión de hacerse las preguntas: ¿qué estamos tratando de hacer? ¿Cómo estamos tratando de hacerlo? ¿Qué resultado o beneficio deseamos realmente?

¿Existen otras maneras de alcanzar nuestras metas o beneficios deseados?

¿Podría haber una manera mejor? Si no lo estuviésemos haciendo de esta manera, ¿cuál otra sería mejor, más rápida, más barata y más fácil?

Recuerda, siempre hay una manera mejor. Siempre hay un método más eficiente para alcanzar cualquier meta. Siempre hay una forma superior de utilizar tus talentos y recursos especiales.

Imagina que has contratado a un asesor de gestión muy caro para que venga a tu empresa a evaluar tus actividades y estrategias actuales. Este asesor se sienta y comienza a hacerte algunas preguntas incómodas.

Él quiere saber lo que estás haciendo y por qué lo estás haciendo de esa manera. Quiere saber qué otras fórmulas has considerado para lograr los mismos objetivos. Él quiere que le digas exactamente cuáles son tus metas y objetivos para tu empresa en general, y para cada ámbito de tu empresa que se espera que te ayude a alcanzar esas metas y objetivos.

Conviértete en tu propio asesor de gestión. Imagina que te has contratado a ti mismo para que vengas y mires tu negocio con frialdad, sin emoción y con una tremenda claridad. Plantéate las «preguntas brutales».

EJERCICIOS PRÁCTICOS

1. Usando de doce a veinticinco palabras, explica con claridad qué estás tratando exactamente de hacer en tu negocio.

2. Usando de doce a veinticinco palabras, explica tu plan de acción para lograr tus metas. ¿Cómo exactamente estás tratando de hacerlo?

CINCO

Lluvia de ideas.
Desbloquear el poder de tu equipo

LA LLUVIA DE IDEAS es una de las técnicas más podero-sas que existen para desarrollar la sinergia y desbloquear la creatividad de un grupo, equipo u organización. Una de las principales responsabilidades de los directivos eficaces es llevar a cabo sesiones regulares de lluvia de ideas con su personal, centrándose en las mejoras del negocio. No puedes permitirte el lujo de dejar el potencial creativo de tu gente sin explotar. Tienes que crear un ambiente que les anime a contribuir con sus mejores ideas para el éxito de tu negocio.

El proceso de la lluvia de ideas

Estas son seis directrices para la puesta en práctica de una lluvia de ideas para estimular la creatividad de las personas:

1. El tamaño ideal de un grupo de lluvia de ideas es de cuatro a siete personas. Menos de cuatro personas tiende a disminuir el número y calidad de las ideas generadas. Más de siete personas se convierte en algo difícil de manejar, ya que algunas personas no tienen la oportunidad de contribuir con sus mejores ideas.

Cuando dirijo sesiones con grupos más grandes, los divido en grupos de cuatro a siete personas y hago que trabajen por separado, compartiendo sus ideas con el grupo general al final de la sesión.

2. La duración ideal para una sesión de lluvia de ideas es de quince a cuarenta y cinco minutos. Treinta minutos es óptimo. Es importante que anuncies el tiempo exacto de la sesión de tormenta de ideas y luego la cortes exactamente a la hora acordada. Hay algo acerca de la generación de ideas dentro de un límite de tiempo que aumenta la calidad y cantidad de ideas considerablemente.

3. El objetivo de una sesión de lluvia de ideas es generar el mayor número de ideas posibles dentro del tiempo permitido. Existe una relación directa entre la cantidad de ideas generadas y la calidad de las ideas. A veces, la última idea generada durante el último minuto de la sesión de lluvia de ideas es la idea revolucionaria que transforma el futuro de la organización.

4. La sesión de lluvia de ideas debe ser totalmente positiva. Esto significa que no hay ningún juicio o evaluación de las ideas a medida que son sugeridas. Cada idea es una buena idea. Tu objetivo es fomentar el mayor número de ideas, y eso lo haces elogiando y alentando incluso las ideas más ridículas.

No es raro que una idea ridícula se combine con otra idea ridícula para crear una tercera idea revolucionaria. Haz que sea divertido. Que sea una tontería. Que sea humorístico. Asegúrate de que todo el mundo pasa un buen rato. Cuantas más risas se produzcan durante una sesión de tormenta de ideas, en parte debido a la estupidez de las ideas, mejor será la calidad de las ideas y mayor cantidad habrá. Trata de que haya la mayor cantidad de ideas o soluciones que se puedan generar, y no te preocupes de si son buenas o no.

5. Antes de comenzar la sesión, acuerda quién va a ser el *líder*. El líder tiene la responsabilidad específica de asegurarse de que cada persona tenga la oportunidad de contribuir. La mejor manera de lograr este nivel de participación es que el líder rodee la mesa, persona a persona, solicitando una idea de cada participante antes de continuar. Este es un proceso sorprendentemente eficaz. Es muy parecido a arrancar un motor. Una vez que hayas dado la vuelta a la mesa una vez, todo el mundo empieza a emocionarse y participar. La gente lanzará ideas desde todas partes, levantando sus manos y luchando por hablar.

El trabajo del líder es garantizar un proceso ordenado, animando a cada persona a compartir ideas y asegurándose de que todos tengan la oportunidad de hablar.

6. Cada sesión de lluvia de ideas necesita también un *registrador*. Esta es la persona cuyo trabajo, además de contribuir, es anotar las ideas a medida que se presentan. En una sesión de lluvia de ideas particularmente enérgica, puede que debas tener a más de un registrador debido a la gran cantidad de buenas ideas. Cada vez que he dirigido sesiones de lluvia de ideas en grupo con IBM, y con otras empresas, he sugerido tener una competición entre varias mesas para ver qué grupo podía llegar a tener una mayor cantidad de ideas. Esta idea de «competición» provocó que todos pusieran énfasis en inventar una mayor cantidad de ideas sin juicio ni valoración.

Técnica de grupo nominal

Esta es una técnica sencilla pero potente que se usa en la lluvia de ideas (así como en la de pensamientos) para provocar respuestas creativas a preguntas o problemas específicos. El ejemplo más simple de la técnica de grupo nominal son los *ejercicios de completar frases*. Por ejemplo, puedes completar las tres frases siguientes con tantas respuestas diferentes como sea posible:

1. Podríamos duplicar nuestras ventas en los próximos noventa días si...
2. Podríamos reducir nuestros costes en un veinte por ciento en gastos de envío si...
3. Podríamos convertirnos en los principales proveedores de nuestro producto en este mercado si...

Da la vuelta a la mesa y completa estas oraciones, u otras frases que hayas planteado, con tantas respuestas diferentes como surjan. Asume que ya existe una solución lógica, viable y asequible y está a la espera de ser descubierta. Tu trabajo consiste en proporcionar estímulo en forma de estos ejercicios de completar frases, para obtener las mejores ideas posibles de las personas involucradas.

La práctica regular de este método aumentará en gran medida la calidad y cantidad de pensamiento creativo de todos los de tu organización. Esta es una excelente manera de encontrar soluciones que están justo delante de ti, pero simplemente no eres consciente de ellas aún.

EJERCICIOS PRÁCTICOS

1. Selecciona un problema o meta que podría marcar una gran diferencia si fuera resuelto o logrado en tu negocio.

2. Reúne a tu equipo de tormenta de ideas, explícales el proceso (descrito en este capítulo) y luego pídeles que piensen en tantas ideas como sean posibles para resolver tu problema o lograr tu objetivo. Te sorprenderás de los resultados.

SEIS

El optimismo es la clave

EN UN ESTUDIO DE 2013 de los presidentes de las quinientas pequeñas empresas que crecieron más rápido, aparecido en la revista *Inc.*, los investigadores descubrieron que la calidad predominante de los ejecutivos era un increíble nivel de optimismo con respecto a sus compañías, sus productos y servicios y el futuro de sus empresas. Este optimismo no solo era contagioso, infiltrándose en sus organizaciones y creando un alto nivel de energía e imaginación entre el personal, sino que también parecía generar un flujo continuo de ideas para ayudar a sus empresas a ser más exitosas.

Una actitud de optimismo puede desarrollarse y mantenerse de dos maneras diferentes:

1. Pensar y hablar de lo que quieres y cómo conseguirlo la mayor parte del tiempo. Las personas optimistas piensan acerca de sus metas mañana, tarde y noche. Miran a su mundo como un lugar lleno de oportunidades y siempre están preguntándose *cómo* lograr cualquier meta o resolver cualquier problema.

2. Buscar lo bueno en cada persona o situación. Los optimistas están convencidos de que dentro de cada problema hay una solución. Ellos creen que si tienen un objetivo claro, también pueden encontrar una manera de lograr ese objetivo. Cuando las cosas van mal, como siempre pasa, los optimistas buscan algo bueno o beneficioso que puedan sacar de cada situación negativa.

El lenguaje de los optimistas

Una característica de los optimistas es que nunca utilizan la palabra *problema*. En cambio, neutralizan esa palabra negativa simplemente llamando «situación» a un contratiempo o dificultad. Ellos dicen: «Tenemos una situación interesante a la que enfrentarnos».

Mientras que un «problema» evoca sentimientos de miedo y pérdida, la palabra *situación* es neutra. Luchas con un problema, pero solo lidias con una situación.

Una palabra todavía mejor es *desafío*. Si un problema es algo con lo que luchas y que sugiere reveses y tiempo o dinero perdidos, un desafío es algo para lo que te levantas, una situación que saca lo mejor de ti y de los que te rodean.

A partir de ahora, cuando algo vaya mal, puedes responder simplemente diciendo: «Hoy tenemos un reto interesante al que enfrentarnos».

La mejor palabra de todas es *oportunidad*. Cuando comiences a buscar la oportunidad que puede contener cada problema o dificultad, quedarás absolutamente asombrado por la cantidad de oportunidades que verás que te habrías perdido de haber estado atascado en lo que al principio parecía ser un problema.

Una de las preguntas más importantes que plantearte cuando tienes un problema de cualquier tipo es: «¿Por qué es un problema?».

Debido al poder de tu mente superconsciente, muy a menudo un contratiempo o un revés te llega como un «regalo» para decirte que vas en la dirección equivocada. Mira siempre cualquier problema o dificultad como si se tratara de una oportunidad enviada especialmente para ti en este momento para capacitarte para que puedas tener más éxito en el futuro. Esta forma de pensar es la propia del alto ejecutivo.

Busca la lección valiosa

Puedes seguir siendo optimista frente a cualquier situación si «buscas la lección valiosa» en cada inconveniente o contratiempo. Una de las grandes verdades cósmicas es que dentro de cada revés o dificultad hay lecciones que te ayudarán a ser aún más exitoso en el futuro.

He aquí un ejercicio: identifica tu mayor problema o dificultad actual. Imagina que ha sido enviado a ti como un regalo, y que contiene una lección que necesitas aprender para avanzar más rápidamente en esa área de tu vida o negocio. ¿Cuál es la lección?

Alimenta tu mente

Para llegar a ser un optimista completo, es necesario «alimentar tu mente» de forma regular con ideas positivas, información, conocimientos y conversaciones con personas positivas.

Así como tú te conviertes en lo que piensas la mayor parte del tiempo, también te conviertes en lo que alimenta tu mente la mayor parte del tiempo. Si comes alimentos sanos y nutritivos, tendrás un cuerpo sano y vital. Si alimentas tu mente con materiales positivos, tendrás una mente positiva y más inteligente y creativa con la que trabajar.

Al desarrollar esta forma de pensar frente a todas las dificultades, te verás sorprendido por las excelentes perspectivas y lecciones que se derivan de cada situación difícil en tu vida. Muy a menudo, la lección que aprendas será la clave de tu éxito posterior.

El pensamiento positivo, el diálogo positivo y la visualización positiva son los catalizadores que capacitan a tu mente superconsciente para trabajar a un nivel más rápido y más alto que nunca.

Aquello en lo que piensas de manera continua empieza a acercarse a tu vida. Al igual que un imán atrae limaduras de hierro, si hablas y piensas negativamente, o si te preocupas por los eventos futuros, activas la Ley de la Atracción para llevar esos eventos a tu vida. Ten cuidado.

Tu mente superconsciente requiere claridad y compromiso, convicción y *deseo*. Se activa por una intensa emoción, la mejor de las cuales es el deseo. Cuanto más intensamente desees ser o tener, hacer o lograr algo importante, más rápidamente trabaja tu mente superconsciente para obtener conocimientos e ideas que te ayudarán a avanzar más rápido en dirección a tu meta, y atraer tu meta más rápido hacia ti.

EJERCICIOS PRÁCTICOS

1. Decide hoy convertirte en un optimista integral. Piensa y habla solo de las cosas que quieres y cómo obtenerlas.

Busca lo bueno en cada situación. Busca la lección valiosa en cada dificultad, y alimenta continuamente tu mente con «proteínas mentales» positivas en forma de libros, audios, DVD y conversaciones que sean positivas y que mejoren la vida.

2. Utiliza el lenguaje de los optimistas. Evita las palabras que tienen connotaciones negativas y sustitúyelas por palabras que aviven y resalten las soluciones por encima de los problemas.

SIETE

Desarrolla las cualidades de la genialidad

SE HA ESTUDIADO a muchos hombres y mujeres considerados como genios a lo largo de la historia con el fin de determinar sus procesos de pensamiento, acciones y comportamientos básicos. Muchas de estas personas solo estaban en la media o ligeramente por encima de la inteligencia promedio. No eran «genios» en el sentido de Einstein y similares.

Sin embargo, todos parecen tener tres comportamientos en común. Afortunadamente, estos comportamientos pueden ser desarrollados. Al practicar estas conductas, tú también puedes llegar a ser cada vez más «inteligente». Domina estos tres comportamientos de la genialidad y te convertirás en un genio en el pensamiento creativo y la resolución de problemas.

Concentración

En primer lugar, los genios han desarrollado la capacidad de concentrarse resueltamente, al cien por cien, en una sola cosa, excluyendo todas las distracciones. A veces esto se denomina poder de concentración mental (PCM), y parece acompañar a todos los grandes avances y logros creativos. La concentración firme, también llamada «conducción sencilla» es esencial para el logro de objetivos importantes, la administración del tiempo, el cumplimiento de tareas y todo el trabajo creativo.

Por desgracia, hoy la mayoría de las personas se sienten abrumadas por un río interminable de distracciones, principalmente técnicas. El correo electrónico avisa constantemente de nuevos mensajes, el móvil suena continuamente, el otro teléfono llama y los mensajes llegan sin parar. Además, la gente en el lugar de trabajo está constantemente interrumpiendo y distrayendo a los demás. Es por eso que la gente dice: «No puedes hacer ningún trabajo en el trabajo».

Para que puedas aprender a concentrarte en un único propósito, debes crear bloques de tiempo, períodos ininterrumpidos, donde puedas trabajar sin interrupción o distracción.

Tal vez el principio de gestión del tiempo más importante, esencial para la creatividad y la concentración, es que «apagues las cosas». Crea zonas de silencio en torno a ti desconectándote de toda la tecnología durante períodos específicos de tiempo cada día. Necesitas bloques de tiempo (treinta, sesenta o noventa minutos) para que tu mente se asiente, como el limo en un cubo de agua. Solo entonces puedes llegar al punto en el que puedes pensar con claridad y eficacia.

Busca relaciones causales

La segunda cualidad de la genialidad es la capacidad de ver las relaciones causales, el cuadro amplio. Los genios siguen siendo de mente abierta, flexibles y casi ingenuos examinando todas las formas posibles de abordar un problema.

Trata de ver tu trabajo, a ti mismo y tu negocio como parte de un sistema orgánico. Esto significa considerar cómo cada detalle afecta e influencia todo lo que hay a tu alrededor. En lugar de mirar un suceso como una ocasión discreta y separada, mira todo lo que haya podido dar lugar al evento, y todas las cosas que pueden venir después. Piensa en tu situación como parte de un panorama más amplio y considera todas las diferentes interrelaciones.

Evita el *apego*, o enamorarte de una explicación o solución particular a un problema. Uno de los factores que pone freno al pensamiento creativo es encariñarse o desposarse con una idea que hemos encontrado. Invertimos nuestro ego en vender la idea a otra persona. Nos consideramos exitosos si somos capaces de convencer a alguien de que esté de acuerdo con nuestro punto de vista, incluso habiendo una gran posibilidad de que nuestro punto de vista sea incorrecto.

Al igual que un budista, trata de mantenerte independiente de tu idea y considera otras tantas ideas como sea posible con una mente abierta. Sé flexible, incluso con una idea que crees increíble. Evita la tendencia a abrazar una idea hasta que hayas mirado todas las posibilidades.

Trata tu propia idea como si fuese la sugerencia de otro. Sé escéptico. Haz preguntas. Comienza con la suposición de que esa idea podría estar completamente equivocada.

Utiliza un método sistemático

En tercer lugar, los genios utilizan un enfoque sistemático y ordenado para resolver cada problema. Primero definen el problema con claridad, por escrito. Luego se hacen preguntas del tipo: ¿cómo ocurrió este problema? ¿Es esto realmente un problema, o podría ser una oportunidad? ¿Es este el verdadero problema, o podría ser indicativo de un problema aún más grande o diferente que hay que resolver?

En la escuela te enseñan a pensar matemáticamente. A pesar de que nunca más utilices el álgebra o la geometría tras salir de la escuela, a menos que entres en un campo especializado, el propósito de aprender estos temas es enseñarte a trabajar sistemáticamente desde el principio al final de un problema para encontrar la solución. Aprendes una manera lógica y sistemática de abordar cada problema, una habilidad que luego puedes aplicar en otras áreas de tu vida. Todos los genios se acercan a los problemas sistemáticamente, abriéndose camino a través del problema paso a paso.

Recuerda, la acción lo es todo. Eres lo que haces. Cuando practicas el comportamiento de los genios, muy pronto comienzas a actuar al nivel del genio.

EJERCICIOS PRÁCTICOS

1. Toma un gran problema con el que estés tratando y anota todos los detalles sobre el problema en una hoja de papel. A veces, la respuesta surgirá a medida que escribes los detalles.

2. Toma una posición más objetiva acerca de un problema con el que estés luchando y observa las relaciones causales entre el problema y otras partes de tu trabajo. Toma una hoja de papel, traza un círculo en el centro de la página con una definición de tu problema y dibuja ramificaciones, como patas de araña, hacia círculos en los márgenes de la página con nombres de diferentes personas y factores que intervengan en este problema.

OCHO

Resolución de problemas en siete pasos

CUALQUIER MÉTODO organizado de resolución de problemas es más eficaz en generar soluciones de mayor calidad que no emplear ninguno. Este capítulo presenta siete pasos sistemáticos para resolver problemas.

Define tu problema con claridad... por escrito

A la escritura se le llama una actividad psiconeuromotora. Al escribir tu problema sobre el papel o en una pizarra o panel, te ves obligado a utilizar tu sentido *visual*, tu sentido *auditivo* y sentido *kinestésico*. Como resultado, activas todo el cerebro en el acto de definir en primer lugar tu problema con claridad. No es ninguna sorpresa que el cincuenta por ciento de los problemas puedan ser resueltos por el solo acto de definirlos con claridad por adelantado.

En la mayoría de los casos en los que la gente ha luchado con un problema durante mucho tiempo, es porque no se han tomado el tiempo en definir claramente el problema previamente. El pensamiento confuso es un obstáculo importante para el éxito en la vida y en el mundo del trabajo.

Lee, investiga y reúne información

Hazte con los hechos. McKinsey & Company es una de las más exitosas empresas de consultoría de gestión en el mundo. El «Método McKinsey» consiste, en primer lugar, en identificar el problema y todas las variantes del problema por adelantado. La segunda parte es reunir información de todas las fuentes posibles, y validar cada detalle para asegurarse de que es algo correcto en vez de una mera suposición.

Cuanta más información recopiles, más probable será que la solución correcta a tu problema emerja de los datos, al igual que la espuma asciende a la parte superior de la leche. Prepárate para seguir los hechos allí donde puedan llevar. Resiste la tentación de enamorarte de una solución temprana del proceso y luego buscar únicamente la información que confirme tu conclusión inicial. Mantén una mente abierta.

No reinventes la rueda

Recuerda que cualquier problema con el que estés tratando probablemente haya sido resuelto por alguien, en algún lugar, y a menudo a un gran costo. No tienes que reinventar la rueda. Haz preguntas a gente informada y consulta a expertos. Busca a otros que hayan tenido el mismo problema y averigua cómo se las arreglaron. No tienes que empezar desde cero en la mayoría de los casos.

Tal vez el mejor tiempo y dinero que puedas invertir en la resolución de un problema complejo en tu negocio sea contratar a un consultor o experto en ese campo. Pagando a un experto unos pocos cientos o miles de dólares, a menudo te puedes ahorrar una fortuna en dinero y tiempo perdido. Algunos de los errores más costosos que he cometido en los negocios provinieron de mi error o reticencia a consultar a un experto antes de comprometer tiempo y dinero en una idea de negocio o proyecto.

Deja trabajar a tu subconsciente

Una vez que hayas reunido información y la hayas discutido a fondo con las demás personas involucradas, trata primero *conscientemente* de resolver el problema. Piensa en todo lo que podrías hacer y, entonces, si no estás satisfecho con las respuestas generadas, déjalo a un lado por un tiempo. Establece un calendario para revisar la discusión o problema con posterioridad, cuando todo el mundo haya tenido la oportunidad de pensar en ello durante un tiempo.

La Biblia dice: «Habiendo concluido todo, permanece». Lo que esto significa en cuanto a la resolución de problemas es que si has pasado por todo el proceso de recopilación de información y todavía no tienes una solución, suelta el problema y mantén tu mente ocupada en otras cosas.

Al cambiar el foco de tu atención del problema o dificultad sobre algo completamente diferente y que absorbe tu mente por completo, tus mentes *subconsciente* y *supercons- ciente* comienzan a trabajar en el problema las veinticuatro horas del día, igual que un superordenador procesando una fórmula compleja o series de números. Desplazando el problema a tus poderes mentales superiores, y simplemente relajándote y ocupando tu mente en otras cuestiones, muy a menudo esta mente superior te traerá la respuesta que necesitas, exactamente cuando la necesitas.

Aprovecha tu sueño

Revisa tu problema antes de irte a dormir, y pide a tu mente subconsciente una solución. Esto parece funcionar especialmente bien cuando tienes una dificultad o un dilema que debes enfrentar al día siguiente. Al solicitar una solución, a menudo despiertas con una respuesta o solución perfecta al problema que tienes que enfrentar ese día. Puedes despertar en mitad de la noche con una respuesta o una idea. Es posible que despiertes por la mañana y la respuesta esté ahí, al igual que una mariposa posándose en tu hombro.

Escríbelo

Es una buena política tener siempre a mano una libreta para poder anotar esas respuestas e ideas y puntos de vista en cualquier momento, en lugar de olvidarlos, como suele suceder. Cuando te llegue esa iluminación, asegúrate de escribirlo rápidamente. Una buena idea te puede ahorrar años de duro trabajo. Una buena idea puede ser todo lo que necesitas para dar inicio a una fortuna.

Pasa a la acción

Por último, cualquiera que sea la idea, toma medidas al respecto inmediatamente. No dudes. Muy a menudo, las ideas que vienen a ti tienen «fecha de caducidad». Si tomas medidas de inmediato, pueden suceder cosas maravillosas. Pero si esperas a tomar medidas unas horas o unos días, a menudo puedes dejar escapar el momento. No dejes que esto te suceda.

EJERCICIOS PRÁCTICOS

1. Toma cualquier problema o meta que tengas y ponlo en un «buscador de Google». Descarga todos los artículos y

entradas de blogs que se hayan escrito acerca de tu problema o meta particular y revísalos cuidadosamente. Quizá te sorprenda lo que otras personas ya han descubierto y lo que otros ya están haciendo.

2. Cuando tengas claro tu problema o meta, pregunta por ahí y busca a otros que puedan haber resuelto ya ese problema en sus propias vidas o trabajos. Pregunta a los demás si conocen a alguien que pudiera saber algo sobre el problema con el que estás trabajando. Puede que te sorprenda la rapidez con que encuentras a la persona justa y adecuada con la que hablar.

NUEVE

Ejercicios de estimulación mental

HABRÁS OÍDO decir que el conocimiento es poder.

Pero solo el conocimiento práctico, es decir, el conocimiento que puede ser aplicado al propósito de lograr un resultado o beneficios, es realmente poderoso. Si el conocimiento a secas lo fuera todo, todos los bibliotecarios serían ricos, porque están rodeados de millones de palabras de sabiduría.

Los ejercicios de este capítulo te ayudarán a identificar las metas y los problemas a los que quieres aplicar tu creatividad y conocimiento.

El método de la lista rápida

El primer ejercicio consiste en escribir, en treinta segundos o menos, las respuestas a la siguiente pregunta: ¿cuáles son tus tres objetivos más importantes en la vida en este momento?

A esto se lo conoce como el método de la lista rápida. Cuando solo tienes treinta segundos para anotar tus tres objetivos más importantes en tu vida, tus metas reales asomarán de repente en la página, a veces para tu sorpresa.

Cuando pongo este ejercicio a mis asistentes al seminario, más del ochenta por ciento de la audiencia anota los mismos tres objetivos: una meta financiera, una familiar y una de salud. Así debería ser. Estas áreas resultan ser los tres objetivos más importantes en la vida de casi todas las personas.

Una vez que la gente ha respondido a esta pregunta, les pido que se pongan una calificación de uno a diez según su nivel de satisfacción en cada área. Cualquier área donde se da el grado más bajo, resulta ser el área de su vida en que experimentan más problemas o infelicidad. Pruébalo tú mismo y observa.

En nuestros seminarios de negocios, ampliamos este ejercicio pidiendo a los propietarios de negocios y ejecutivos que contesten una serie de preguntas de la lista rápida centradas específicamente en negocios, finanzas, ventas, productos, personas y objetivos competitivos. Los participantes tienen treinta segundos para anotar sus respuestas a cada una de estas preguntas. Sus respuestas son muy reveladoras y a menudo transforman el negocio.

Las preguntas brutales

El liderazgo es la capacidad para resolver problemas. El éxito es la capacidad de resolver problemas. Lo único que se interpone entre ti y el logro de todos tus objetivos son los problemas y obstáculos de todo tipo. ¿Cuáles son? El siguiente ejercicio consiste en centrarte en lo que Jim Collins llama «las preguntas brutales», aquellas preguntas que te obligan a centrarte en tus problemas.

Puedes empezar con esta pregunta general: ¿cuáles son los tres problemas más acuciantes a día de hoy? A continuación, puedes ampliar esta pregunta para incluir todas las áreas importantes de tu negocio. Puedes preguntar:

1. ¿Cuáles son nuestros tres mayores problemas de negocios hoy?
2. ¿Cuáles son nuestros tres mayores problemas financieros hoy?
3. ¿Cuáles son nuestros tres mayores problemas en las ventas hoy?
4. ¿Cuáles son nuestros tres mayores problemas competitivos o de mercado hoy?
5. ¿Cuáles son nuestros tres mayores problemas con la gente hoy?
6. ¿Cuáles son nuestros tres mayores problemas en los productos o servicios hoy?
7. ¿Cuáles son los tres pasos más importantes que podemos tomar de inmediato para mejorar nuestros resultados de negocio?

Tu capacidad de hacer y precisar una respuesta a estas preguntas, y después aplicar soluciones a los problemas que has identificado, es un factor determinante crítico en el éxito de tu negocio.

Usa la regla del 80/20

La regla del 80/20 parece aplicarse tanto a los problemas de negocios como a los problemas personales. En este caso, significa que el ochenta por ciento de tus problemas, obstáculos, dificultades, preocupaciones e inquietudes están *dentro* de ti o tu negocio. Solo el veinte por ciento viene determinado por factores *externos* u otras personas.

El punto de partida del pensador superior es identificar el problema con claridad y luego preguntarse: «¿Qué hay en mí o mi empresa que esté causando este problema?».

Identifica tus excusas favoritas

En los seminarios de negocios siempre preguntamos: «¿A cuántos de aquí les gustaría duplicar su rentabilidad?».

Todos los asistentes levantan la mano. Entonces preguntamos: «¿Por qué no han crecido aún sus beneficios el doble de lo que tienen hoy?».

Entonces es cuando señalo que hay un montón de empresas en la misma industria que están ganando dos, cinco y hasta diez veces más. Muchas de estas empresas con mayores ingresos no han estado tanto tiempo en el negocio como las personas de la sala. Todas estas empresas se enfrentan al mismo entorno competitivo que los dueños de negocios y ejecutivos que asisten a mi seminario. ¿Por qué ellos ganan mucho más dinero que tú?

Este ejercicio ayuda a las personas a identificar sus excusas favoritas para el rendimiento financiero inferior al ideal. ¿Por qué tu negocio no es el doble de grande? ¿Cuáles son tus excusas favoritas? ¿Qué te dices a ti mismo, y a otros, que te aparta del alto rendimiento?

¿Qué hay en ti, o dentro de tu empresa, que te está refrenando?

Preguntarte y responder a estas preguntas continuamente estimulará tu creatividad, dándote ideas y puntos de vista que te permitirán resolver cualquier problema o superar cualquier obstáculo que pueda estar apartándote de alcanzar tus objetivos empresariales y personales.

Practica la idealización

Los líderes tienen visión. La visión es la capacidad de imaginar un estado futuro ideal, y luego regresar al presente y desarrollar un plan para llegar desde donde estás hoy a donde te gustaría estar en algún momento del futuro.

Si pudieras agitar una varita mágica y hacer a tu futuro negocio perfecto en todos los sentidos, ¿qué aspecto tendría? ¿Cómo sería diferente al de hoy? Y lo más importante, ¿cuál sería el primer paso que habrías de dar para llegar desde donde estás adonde quieres ir?

Decide hoy el primer paso que vas a dar, y luego actúa de inmediato. Todo lo demás fluirá a partir de ahí. La buena noticia es que siempre puedes ir al menos un paso por delante. Puede que no seas capaz de ver todo el camino hacia tu futuro, pero siempre puedes ver un paso. Y si vas tan lejos como puedes ver, podrás ver lo suficiente como para ir todavía más allá.

La idealización es un método probado de «pensamiento de rendimiento óptimo». Proyectando hacia el futuro e imaginando un estado perfecto, y luego mirando hacia atrás hasta donde estás hoy, obtienes una perspectiva maravillosa y ves todo tipo de cosas que puedes hacer a partir de hoy para empezar a crear ese negocio perfecto del futuro.

La pregunta mágica

He aquí un divertido ejercicio. Pregúntate a ti mismo: «¿Qué te atreverías a intentar si supieras que no puedes fallar?».

Imagínate que todavía tienes tu varita mágica. Puedes agitar esta varita mágica y alcanzar cualquier objetivo en la vida. Si esto fuera posible para ti, ¿qué única meta, si la lograras, tendría un mayor impacto positivo en tu vida?

Sea cual sea tu respuesta —y siempre tienes una respuesta— escríbela, redacta un plan y comienza a trabajar en él todos los días. Da el primer paso. Haz algo. Haz cualquier cosa. Pero empieza a trabajar todos los días en este importante objetivo, el único objetivo que puede marcar toda la diferencia en tu vida si lo consigues.

EJERCICIOS PRÁCTICOS

1. Escribe tus tres objetivos más importantes en la vida, ya sean de negocios o personales. Escríbelos ahora mismo.

2. Identifica el objetivo único que, si lo consiguieras, tendría un mayor impacto positivo en tu vida.

DIEZ

Usa tus tres mentes para pensar

CADA PERSONA tiene tres diferentes «mentes» con las que pensar, resolver problemas, tomar decisiones y alcanzar metas. Tu capacidad para entender las diferencias entre estas tres mentes diferentes, y aprovechar al máximo su potencial para mejorar tu vida y los negocios, puede transformar y multiplicar tus resultados.

La mente consciente

Esta es la mente despierta y alerta que utilizas cada vez que estás ocupado y activo. La mente consciente es objetiva, analítica, racional, crítica y pragmática. Toma información de muchas fuentes, analiza la información, compara la información con otra información que ha sido almacenada en la memoria y toma decisiones. Tu mente consciente es el lugar por el que la nueva información entra a tu cerebro, como una puerta.

Daniel Kahneman, en su exitoso libro *Pensar rápido, pensar despacio*, explica que hay dos maneras de usar tu mente consciente casi todo el tiempo.

La primera forma, el «pensamiento rápido», es intuitivo, automático, instintivo e inmediato. Este es el estilo de pensamiento en tu mente consciente que utilizas para navegar por los acontecimientos que se desarrollan rápidamente en tus actividades de la vida diaria. El pensamiento rápido es muy parecido a conducir en medio del tráfico; tomas decisiones rápidas, reaccionas y respondes a eventos cambiantes a medida que avanzas. La mayor parte de tu tiempo durante el día lo empleas en el pensamiento rápido. Utilizas el pensamiento rápido en las conversaciones, las llamadas telefónicas y en tus respuestas a los correos electrónicos y a las demandas externas. Este es el uso normal y natural del pensamiento rápido, y es muy apropiado en la mayoría de los casos.

PIENSA DESPACIO

La segunda forma de pensar descrita por Kahneman es el «pensamiento lento», que es otra función de tu mente consciente. Este tipo de pensamiento requiere que reduzcas la velocidad del ritmo de pensar y consideres cuidadosamente lo que sucede antes de decir cualquier cosa o reaccionar de cualquier manera.

El uso adecuado del pensamiento lento se da cuando estás involucrado en una actividad o tomando cualquier decisión que tenga ramificaciones o consecuencias a largo plazo. Por ejemplo, la planificación estratégica en una empresa obliga a todos los participantes a emplear el pensamiento lento. Esto es absolutamente esencial, ya que las decisiones tomadas en la planificación estratégica tienen consecuencias a largo plazo y pueden determinar en gran medida el éxito o el fracaso de la empresa.

Una de las grandes percepciones de Kahneman es que la gente suele utilizar el pensamiento rápido cuando se requiere el pensamiento lento. En vez de tomar un tiempo muerto y tener en cuenta todos los hechos y detalles de una decisión importante, muchas personas utilizan el pensamiento rápido y sin querer adquieren compromisos y decisiones con consecuencias a largo plazo.

PIENSA SOBRE EL PAPEL

Una de las mejores maneras de cambiar de un pensamiento rápido a uno lento cuando es más apropiado es hacer preguntas y pensar sobre el papel. El acto mismo de hacer preguntas te obliga a reducir la velocidad y pensar mucho mejor sobre el tema en cuestión. Escribir las cosas sobre el papel, especialmente cuando estás juntando todos los hechos o detalles en relación con una situación, te obliga a pensar despacio.

La regla es que siempre tomarás mejores decisiones si tomas más tiempo para considerarlas con antelación. Siempre que sea posible, debes «ganar tiempo» al tomar una decisión importante de cualquier tipo. Retrasa la decisión veinticuatro horas, un fin de semana, una semana o incluso un mes si es posible. Sin excepción, cuanto más tiempo emplees en pensar despacio sobre una decisión importante, más calidad tendrá la decisión que tomes cuando finalmente decidas actuar.

Tu mente subconsciente

Esta es el gran centro neurálgico o archivo de tu mente. Absorbe y almacena todas las experiencias, conocimientos, decisiones, ideas y pensamientos que alguna vez hayas tenido. Y puede acceder a esta memoria de forma casi instantánea. Tu mente subconsciente registra y recuerda todos los datos; lo recuerda todo y es capaz de combinar la información existente con nuevas formas y patrones para resolver problemas.

CONFÍA EN TU INSTINTO

Peter Ouspensky, el metafísico, dijo que tu mente subconsciente funciona ocho mil veces más rápido que tu mente consciente. Un ejemplo es la respuesta intuitiva que tenemos frente a la gente nueva. A lo largo de tu vida conocerás a diferentes personas; instantáneamente algunas de ellas te gustarán y otras te desagradarán. Esta evaluación se completa por lo general en menos de cuatro segundos. Más tarde, verás que tenías buenas razones para sentir agrado o desagrado, confiar o no en otra persona. Pero en el instante del encuentro, es como si tu mente consciente tomase una instantánea de la cara de la persona, la trasladara a tu archivo subconsciente, y al instante comparase esa cara con la restante experiencia facial que hayas tenido antes para darte una sensación inmediata positiva o negativa.

Un objetivo importante de tu mente subconsciente es hacer que todas tus palabras y acciones se ajusten a un patrón coherente con tu concepto de ti mismo, tu sistema de creencias básicas. Tu mente subconsciente controla tu lenguaje corporal, tu tono de voz, tus niveles de autoconfianza y tus sentimientos de competencia o habilidad en cualquier situación.

LLENA TU MENTE DE PENSAMIENTOS POSITIVOS

Cuando alimentas a tu mente consciente con un flujo constante de ideas, mensajes e imágenes positivas, esta información pasa directamente a tu mente subconsciente y comienza inmediatamente a afectar a la forma de pensar y sentirte contigo mismo.

Anteriormente, he mencionado lo importante que es que repitas las palabras «¡Soy un genio!» una y otra vez. La primera vez que dices estas palabras, o casi cualquier otra palabra positiva para ti mismo, puedes sentirte un poco incómodo. Pero a medida que repitas las palabras una y otra vez, rebajas la resistencia de tu mente subconsciente a este nuevo autoconcepto. Con el tiempo, tu mente subconsciente acepta tu nuevo comando como tu nueva realidad. A continuación, se pone en marcha para asegurarse de que todo lo que hagas, pienses, digas y sientas sea coherente con el nuevo modelo que has programado en tu mente subconsciente.

La mente superconsciente

Esta es la mente más poderosa que tienes. Casi todos los grandes logros en la historia de la humanidad han estado acompañados de ideas superconscientes e inspiración. Tu capacidad de aprovechar y utilizar tu mente superconsciente de forma regular es la clave para desbloquear tu genio creativo en cada parte de tu vida.

La mente superconsciente es denominada a veces el *inconsciente colectivo*. También se la conoce como *mente subconsciente universal* o *inteligencia infinita*. Carl Jung la llamó el «superconsciente» y dijo que era la fuente de toda la originalidad y la creatividad en el universo humano.

La mente superconsciente es el punto de partida de todos los avances creativos, ideas, intuición, inspiración e imaginación. Esta mente trabaja de forma continua a un nivel no consciente para resolver problemas, eliminar obstáculos y avanzar hacia tus metas.

Cuando defines claramente, por escrito, una meta que quieres lograr o un problema que quieres resolver, esta información se transmite automáticamente a tu mente subconsciente. Tu mente subconsciente la transfiere luego a la computadora de tu mente superconsciente, que se pone en funcionamiento para ayudarte a alcanzar tu meta o resolver tu problema durante las veinticuatro horas del día hasta que llega la respuesta.

Integra tus tres mentes

Recuerda, eres un genio potencial. Tienes cien mil millones de células cerebrales, cada una de ellas conectada a aproximadamente otras veinte mil células, lo que te da una capacidad de pensamiento superior a la del mayor superordenador que jamás se haya construido.

Puedes utilizar tu mente para bien o para mal. Al usar tu mente consciente para desarrollar una absoluta claridad sobre lo que quieres, y luego usar la visualización de tu meta y escribirla de manera que se transfiera a tu mente subconsciente, utilizas tus poderes de pensamiento a un rendimiento superior. Cuando con confianza y con calma esperas y crees que tu mente superconsciente está trabajando las veinticuatro horas del día para traerte exactamente lo que quieres lograr en el momento justo, activas tus poderes superconscientes y tomas el control completo de tu mente.

Al usar tus tres diferentes mentes en armonía, desbloqueas el genio que existe dentro de ti.

EJERCICIOS PRÁCTICOS

1. Tómate un tiempo para pensar despacio y desarrollar una absoluta claridad sobre lo que quieres y cómo se

verá cuando alcances tu meta. Escríbelo con claridad para que hasta un niño pueda entender lo que realmente quieres.

2. Repite palabras positivas una y otra vez. «Soy un genio» es una sugerencia, pero usa cualquier frase a la que respondas mejor.

ONCE

Practica dos aproximaciones a la reflexión

TU FORMA DE pensar inhibe o libera tu creatividad innata. Tu estilo particular de pensamiento se aprende, desde la primera infancia, por lo general como resultado de la imitación de uno o ambos progenitores. Aprendes cómo pensar de la forma en que piensan tus padres cuando eres demasiado joven para estar al tanto de lo que está sucediendo.

Los diferentes estilos de pensamiento suelen ser mecanismos de supervivencia o de imitación. Se desarrollan inconscientemente y sin pensarlo, como una respuesta a la incertidumbre y la imprevisibilidad del mundo que te rodea. La buena noticia es que debido a que estos estilos de pensamiento han sido aprendidos, pueden ser igualmente desaprendidos. Tú puedes, con la práctica continua, invalidar o anular una forma inútil de pensar por medio de una manera positiva y dinámica de pensar.

Pensamiento mecánico

Si tomas los diferentes estilos de pensamiento y los sitúas en un espectro, tendrás el pensamiento mecánico en un extremo y el de adaptación en el otro.

Los pensadores mecánicos son rígidos, inflexibles y bastante fijos en sus ideas y opiniones. Se basan en lo que a menudo se describe como «pensamiento memorizado» o pensamiento automático; son intransigentes en sus ideas e interpretaciones del mundo y no están abiertos a todas las ideas u opiniones que se aparten de aquello que ya han decidido pensar.

El pensamiento mecánico es también una forma de «pensamiento normativo», donde el individuo lo ve todo como un extremo u otro, negro o blanco, mal o bien, con pocas diferencias en medio.

POR QUÉ NO FUNCIONARÁ

Los pensadores mecánicos tienden a ser pesimistas y a buscar razones por las que algo nuevo o diferente no funcionará o no puede ser. En la PNL llaman a esto «clasificación por diferencias». Este tipo de persona busca continuamente que cualquier cosa que tú digas o sugieras sea diferente a lo que haya sucedido en el pasado o a lo que la persona crea actualmente. Una vez que la persona ve una diferencia o un conflicto, tu idea es inmediatamente desestimada y descartada.

El pensamiento mecánico no es creativo. La palabra favorita de un pensador mecánico es la palabra *no*. Estas personas tienen lo que se llama psicoesclerosis, o «rigidez de actitudes».

¿Cómo tratas con los pensadores mecánicos? Los colocas en puestos de trabajo o posiciones en las que no sea necesario ningún pensamiento creativo. La mayoría de los gobiernos cuentan con gente así desde arriba hasta abajo, por eso es tan difícil hacer que un funcionario del gobierno se abra a una manera mejor o diferente de hacer algo.

Los pensadores mecánicos son buenos contables, ingenieros y programadores de datos. Puntúan alto en las pruebas de personalidad en «cumplimiento» y «estabilidad». Se sienten más cómodos en situaciones totalmente predecibles y donde no se espera que haya variación o turbulencia. No son particularmente creativos, y son muy felices de esta manera. De hecho, los pensadores mecánicos están en gran parte convencidos de que las otras personas, las que son más flexibles y abiertas a nuevas ideas, son menos estables y menos útiles que ellos.

Pensamiento adaptativo

El pensamiento adaptativo se caracteriza por un alto grado de flexibilidad al abordar cualquier proyecto, problema o meta. Como hemos mencionado anteriormente, esta forma de pensar es característica de los genios y las personas altamente creativas. Este es el tipo de pensamiento que quieres practicar con regularidad.

Da la casualidad de que algunas personas son mecánicas en algunas áreas del pensamiento y adaptativas en otras. Algunas personas son muy rígidas con respecto a sus convicciones políticas o religiosas, pero muy relajadas e informales con sus opiniones en otras áreas. Lo ideal es que te conviertas en un pensador adaptativo en tantas áreas como sea posible.

MANTÉN TU MENTE ABIERTA

Los pensadores adaptativos tienen una mente abierta. Evitan enamorarse de sus propias ideas. Practican el desapego y pueden alejarse de una idea, como si se le hubiera ocurrido a otro y se les hubiera pedido a ellos que la evaluaran de manera objetiva.

Los pensadores adaptativos son más flexibles y están dispuestos a observar los muchos lados diferentes de una pregunta. Son optimistas en su creencia de que los problemas se pueden resolver, y van constantemente en busca de soluciones innovadoras o positivas a los desafíos más difíciles.

Los pensadores adaptativos son creativos, imaginativos y hacen muchas preguntas abiertas: ¿por qué?, ¿cuándo?, ¿dónde?, ¿cómo?, ¿quién? y ¿cuál?

La clave para convertirte en un pensador adaptativo y altamente creativo es que suspendas tus juicios en tantas cosas como sea posible, sobre todo al principio. El mismo acto de abstenerte de juzgar y mantener una mente abierta, te vuelve naturalmente más flexible en tu forma de pensar.

Por último, si tomas una decisión y das con nueva información que invalide tu decisión, disponte a cambiar de opinión. Reniega de atrincherarte en una idea o convicción particular, especialmente cuando la evidencia esté en tu contra.

EJERCICIOS PRÁCTICOS

1. Desafía tus creencias limitantes sobre ti mismo, sobre todo respecto a tu talento, habilidades y potencial. ¿Y si ninguna de ellas fuera cierta? ¿Qué pasaría si tuvieras un potencial ilimitado y todo lo que tuvieras que hacer es aprender a liberarlo?

2. Piensa en una situación que te esté causando una gran cantidad de frustración o enfado a día de hoy. Imagínate

que estás completamente equivocado en la posición que estás tomando, y que la otra persona tiene toda la razón, o que hay una manera de hacer frente a esta situación que es completamente diferente a todo lo que hayas pensado hasta ahora.

DOCE

Practica el pensamiento lateral

EL PENSAMIENTO LATERAL obliga a la mente a obviar maneras cómodas o convencionales de pensar. Fue iniciado por Edward de Bono en Inglaterra. Una forma de ilustrar el pensamiento lateral es recordar que cuando las personas se encuentran en un agujero, su tendencia natural es cavar más hondo en el agujero. Sin embargo, la solución puede ser la de ir a otro lugar y cavar un hoyo totalmente diferente.

El pensamiento lateral se utiliza para romper tu patrón de pensamiento habitual, o la tendencia a caer en la trampa de la zona de confort y seguir haciendo las cosas como siempre las has hecho en el pasado.

Revierte las palabras clave

Un método de pensamiento lateral es revertir las palabras o frases clave. Por ejemplo, como ya he mencionado anteriormente, referirse a un problema como una *oportunidad*. Con esto en mente, trata el problema como si te hubiera llegado como regalo. Examínalo por la oportunidad que puede contener.

En lugar de decir «Nuestras ventas han bajado», di: «Las compras son bajas». No es que nosotros no estemos vendiendo lo suficiente, sino que nuestros clientes no están comprando lo suficiente. Esto cambia todo el enfoque de la situación y conduce a soluciones completamente diferentes a la definición original.

Otro método de pensamiento lateral es usar la *asociación aleatoria*. Aquí, escoges palabras y luego obligas a que se adapten a tu situación. Toma una palabra como naranja o alcachofa, y describe tu negocio, producto o problema, como si fuera esa palabra.

Por ejemplo, puedes decir: «Nuestro negocio es como una naranja porque…». En el exterior se ve bastante suave, pero a medida que te acercas ves un montón de bultos. En su interior hay una gran cantidad de semillas y membranas y divisiones de la naranja en una serie de departamentos separados que pueden no comunicarse entre sí. Por supuesto, hay algunas partes jugosas en nuestro negocio (las partes más rentables) a las que quizá no estamos prestando suficiente atención. La práctica de la asociación aleatoria suele provocar el pensamiento creativo de maneras que no esperarías.

La idea dominante

Otro enfoque del pensamiento lateral se llama «la idea dominante». Si la idea dominante es que tenemos un problema real delante, la alternativa de pensamiento lateral debería ser que tenemos una oportunidad de beneficio real o una oportunidad de reducir los costes.

Aleja tus pensamientos de la idea dominante. Por ejemplo, en lugar de decir «Tenemos que vender más», di que «Nuestros clientes tienen que comprar más».

Tal vez un fracaso que estés experimentando o una pérdida que estés sufriendo sea la manera en que la naturaleza te dice que estás en el camino equivocado. Tal vez deberías estar haciendo algo diferente, con un producto o servicio diferente, vendiendo a un mercado diferente. Tal vez una pérdida que estés sufriendo hoy te permitirá obtener un beneficio al hacer o cambiar algo más.

Para practicar el pensamiento lateral, debes buscar el punto de vista de la otra persona y tratar de ver y describir la situación a través de los ojos de esa persona, especialmente tus clientes. Los abogados hacen esto cuando preparan un caso para los tribunales. Primero de todo, argumentarán el caso desde el lado del oponente antes de preparar su propio caso contra la otra parte.

Piensa en el desarrollo de clientes

Los mayores avances en ventas y mercadotecnia actuales, descritos en *El método Lean Startup* y *The Four Steps to the Epiphany* [Los cuatro pasos para la epifanía], giran en torno al enfoque de «desarrollo de clientes» en vez de «desarrollo de productos». Para ello es necesario tomarse tiempo para estudiar a fondo las características demográficas, la psicografía y luego las etnografías de tus clientes potenciales. Tómate tiempo para descubrir quiénes son y lo que realmente quieren y necesitan y, a continuación, desarrolla tus productos y servicios basándote en esa información.

Fantaseando

Fantasear es otra manera de practicar el pensamiento lateral. Imagina que tuvieras una varita mágica y pudieras agitarla y eliminar todos los obstáculos en el logro de tus objetivos. Si eso llegara a suceder, si agitaras esta varita mágica y todos tus problemas u obstáculos desaparecieran, ¿qué aspecto tendría tu situación?

Imagina que los obstáculos ni siquiera están ahí. ¿Qué diferencia marcaría eso? ¿Qué harías diferente? ¿Qué nuevas posibilidades u oportunidades se abrirían ante ti si no tuvieras ninguna limitación de tiempo, dinero, personas, recursos, talentos o habilidades? A continuación, encuentra una manera de alcanzar estos objetivos incluso sin la eliminación de esos obstáculos, e incluso sin contar con todas las ventajas naturales que pudieras desear.

EJERCICIOS PRÁCTICOS

1. ¿De qué manera tu empresa es comparable a una naranja, y cómo podrías cambiar tu estructura para ser más productivo y rentable?

2. ¿Qué es lo que tus clientes futuros realmente quieren y necesitan, y están dispuestos a pagar, que sea diferente a lo de hoy? ¿Cómo puedes llevar esos productos y servicios al mercado?

TRECE

Cómo funciona tu mente

TU MENTE es una cosa maravillosa, un increíble procesador de la información que asimilas con todos tus sentidos. Suele suceder que cada persona tiene un estilo de pensamiento dominante, una forma específica de procesar la información, internalizarla y usarla de la mejor manera posible.

Hay tres tipos básicos de procesamiento de la información utilizados en el pensamiento creativo:

Visual

Las personas visuales piensan en términos de dibujos, palabras escritas, imágenes, tablas y gráficos. Tienen que «ver» el problema o la información con el fin de entenderlo. Dirán: «Veo lo que quieres decir».

Auditivo

Algunas personas necesitan escuchar ideas, discusiones, sonidos y música. Dirán: «Me suena bien» o «No me suena bien».

Kinestésico

Las personas kinestésicas están más en sintonía con sus sentimientos, emociones, con el movimiento o el tacto. Tienen que percibir una «sensación» para el problema o situación. Les gusta agarrar las cosas, sujetarlas, jugar con ellas entre sus manos y sentirlas. Les gusta moverse en lugar de quedarse quietas durante las conversaciones. Dirán: «Me da buenas sensaciones».

Pruébalos todos

Cuando trabajas para resolver un problema, deberías probarlos todos, especialmente con un grupo de personas que pueden tener diferentes estilos de procesamiento. Anota las cosas. Habla sobre ellas e invita a la discusión. Ponte de pie y camina, y anima a otros a que se muevan también.

Observar imágenes o dibujar gráficos y diagramas es una manera maravillosa para que un pensador visual obtenga una amplia perspectiva y comprenda el problema o situación en mayor profundidad.

Fomentar la discusión, decir las cosas en voz alta y dialogar acerca de un problema o una situación es útil para un pensador auditivo.

Para activar los sentidos kinestésicos debes escribir las cosas, hablar en voz alta, caminar y moverte. A veces, ir a dar un paseo por el parque o simplemente levantarse y tomar un descanso es una excelente manera de que un pensador kinestésico obtenga avances en la resolución de problemas.

Lecciones tras impartir seminarios y talleres eficaces

Cuando comencé a dar seminarios, sin pensar demasiado en ello, daba una conferencia, escribía las cosas en un panel o una pizarra, alentaba a las personas a que tomaran notas y, a continuación, les pedía que discutieran lo que significaban estas nuevas ideas para ellos. Sin darme cuenta, yo estaba activando los modos de procesamiento visual, auditivo y kinestésicos de todos los miembros de mi audiencia.

Los participantes quedaban siempre sorprendidos de estar alerta y altamente activos, incluso después de ocho horas con este tipo de seminario o taller. Era así porque su cerebro estaba completamente activado durante todo el día.

Identifica tu estilo predominante

Cada persona utiliza el pensamiento visual, auditivo y kinestésico, pero cada uno de nosotros tiene una forma predominante o favorita de pensar. Asegúrate de probar los tres, sobre todo cuando trabajes con un grupo de personas en un problema o decisión. Asume que las personas del grupo tendrán que ser apeladas de diferentes maneras. A veces puedes dar a la gente páginas con números y ni siquiera las mirarán porque son pensadores auditivos o kinestésicos, y no visuales.

Da a la gente la información de la manera que les gusta

Peter Drucker señala que una de las cosas más importantes que tienes que hacer es averiguar cómo tu superior prefiere procesar la información. Si tu superior es un pensador visual, asegúrate de escribirlo todo en tus informes para que puedan tratar los temas, punto por punto, visualmente. Si es una persona auditiva, puedes explicar la situación verbalmente y tu superior absorberá la información cómodamente. Si es un pensador kinestésico, probablemente querrá tocar o sentir tus materiales y levantarse y desplazarse físicamente durante las conversaciones.

Cuando presentes un informe escrito a un procesador auditivo, te pedirá: «Léeme la conclusión, ¿qué dice?». Si se trata de un procesador visual y le das noticias o información, probablemente te pedirá: «¿Podrías escribírmelo?».

Cuanto más puedas incluir las tres formas de procesamiento al resolver problemas o tomar decisiones con tu personal, más ideas y soluciones obtendrás, y serán mejores y más interesantes.

EJERCICIOS PRÁCTICOS

1. Determina tu preferencia personal o estilo dominante de aprendizaje y absorción de la información. ¿Cuál es?

2. Identifica el estilo dominante de tu jefe y de los miembros clave de tu personal. Pregúntales directamente cómo les gusta recibir información, y luego dásela de ese modo.

CATORCE

Revisión de la resolución sistemática de problemas

HAY CIERTAS cualidades de los genios que han sido observadas en las personas altamente inteligentes a lo largo de los años. Una de esas cualidades es que afrontan cada problema de su ámbito sistemática y lógicamente.

Este poderoso método está enfocado a apartar las emociones de la metodología de resolución de problemas tanto como sea posible. Esto fuerza a quien resuelve el problema a tomar una perspectiva más objetiva del problema y trabajar en él paso a paso.

Hay nueve pasos en este método sistemático de resolución de problemas.

Asume una solución lógica

El primer paso es asumir siempre una solución lógica a cualquier problema, dificultad o meta. Tu actitud hacia un problema al principio va a determinar si liberas tu creatividad o la mantienes encerrada. Aborda cada problema o dificultad como si hubiera una solución lógica y práctica a la espera de ser encontrada.

Una de tus metas como pensador creativo es mantener la calma y ser tan poco emocional como te sea posible durante todo el proceso de pensamiento creativo.

Utiliza el lenguaje positivo

El paso dos, como he descrito anteriormente, es que utilices el lenguaje positivo para describir el problema o dificultad. En lugar de llamar a algo un problema, deberías utilizar la palabra *situación*. Mientras que un problema evoca una condición negativa que activa el cerebro emocional, una situación es neutral y te permite hacer frente a la dificultad de una manera tranquila y objetiva.

Aún mejor es utilizar la palabra *reto* antes que problema. Un reto es algo que te motiva, que saca lo mejor de ti, mientras que un problema es un obstáculo o condición negativa que causa estrés o frustración.

La mejor palabra de todas es *oportunidad*. Cuando comienzas a definir cada situación que enfrentas como un reto o una oportunidad, empiezas a ver las posibilidades que pueden haber estado bloqueadas o escondidas hasta ahora.

Defínelo con claridad

El tercer paso es que definas claramente la situación, sea cual sea. ¿Cuál es la situación exactamente? El diagnóstico preciso es la mitad del remedio. Cuando hables de una situación difícil con un grupo, utiliza una pizarra o panel para escribir una definición de la situación tan claramente que todos estén de acuerdo con ello.

A menudo, un problema bien definido, sobre todo como un desafío o una oportunidad, se puede resolver rápidamente una vez que se pone de manifiesto para todos.

Diagnostica la situación

El cuarto paso es preguntarte: «¿Cuáles son todas las posibles causas de esta situación?». Igual que un médico lleva a cabo una serie completa de pruebas para determinar cómo se produjo una enfermedad o dolencia, el ejecutivo de negocios tiene la tarea de determinar qué causó el problema en primer lugar.

En muchos casos, el factor causal fue un hecho único que ocurrió una sola vez y que no requiere un cambio de todo el sistema de actividades u operaciones. En algunos casos, el problema es un problema sistémico que requiere un cambio total en la forma en que el negocio es dirigido en esa área.

Amplía las posibilidades

El quinto paso es preguntarte: «¿Cuáles son todas las posibles soluciones?». Hay una relación directa entre el número de posibles soluciones que desarrollas para una situación problemática y la calidad de la solución que finalmente aplicas.

En la parte sistemática y de investigación del proceso de resolución de problemas, tu trabajo es desarrollar el mayor número de soluciones posibles, incluyendo no hacer nada en absoluto, antes de empezar a pasar a la fase de toma de decisiones.

Toma una decisión

El paso número seis es tomar una decisión. En muchos casos, si se han seguido los cinco primeros pasos tranquila y lógicamente, la decisión ideal surgirá también lógicamente, como la espuma sube a la superficie de la leche.

En la mayoría de los casos, cualquier decisión suele ser mejor que ninguna decisión en absoluto. Si no puedes tomar una decisión en el momento porque necesitas más información, fija un plazo para tomar una decisión final. No dejes que una situación problemática quede en el aire sin resolución.

Asigna quién será el responsable

El séptimo paso es asignar responsabilidades específicas. ¿Quién va a hacer qué, y para cuándo? Sobre todo, establece una medida para la solución para que todos puedan tener claro si se ha alcanzado.

Establece plazos y actúa

El paso ocho es fijar un plazo. Una decisión sin fecha límite es simplemente una discusión circular. Acuerda con todo el mundo el tiempo para la solución y cuándo se puede determinar el progreso hacia la solución.

El paso nueve es que *tomes medidas en el acto*. Implementa la solución de inmediato. En el análisis final, la acción lo es todo. Cuanto más rápido actúes, más rápido obtendrás una retroalimentación constructiva que te permitirá cambiar de rumbo o tomar medidas más eficaces.

El propósito de este proceso de resolución de problemas es prepararte a ti y a la gente que te rodea para emprender una acción positiva y constructiva hacia el logro de los resultados específicos deseados. Si no se pasa a la acción, entonces todo el ejercicio del pensamiento creativo se convierte simplemente en un proceso de diversión intelectual.

Toda buena solución contiene no solo un plan de acción, sino además un seguimiento, un control y un plan de comprobación para que puedas determinar si la solución fue o no eficaz.

Lo que los altos ejecutivos hacen

En mi trabajo con más de mil grandes empresas de todo el mundo, he tenido la oportunidad de sentarme con varios ejecutivos de alto nivel, a menudo millonarios y multimillonarios, y observarlos cuando son obligados a hacer frente a un problema grande o una crisis en sus corporaciones.

Sin excepción, me he dado cuenta de que los mejores líderes están completamente tranquilos cuando tratan con un problema que hace que otras personas de su entorno se alteren y se enfaden.

Mantén la mente en calma, clara y objetiva cada vez que debas lidiar con un importante revés o problema. Sigue los pasos descritos en este capítulo hasta que se conviertan en una segunda naturaleza. Quedarás gratamente sorprendido por la calidad de las soluciones que obtendrás y la excelencia de las decisiones tomadas.

EJERCICIOS PRÁCTICOS

1. ¿Cuál es el problema o desafío empresarial más grande con el que estás tratando en este momento? Defínelo claramente por escrito.

2. Haz una lista de siete cosas diferentes que puedes hacer, incluyendo no hacer nada, para resolver ese problema o eliminar ese obstáculo.

QUINCE

Practica el pensamiento por defecto

EL PENSAMIENTO por defecto es una técnica de pensamiento creativo que te ayuda a enfocar los problemas y encontrar soluciones desde una posición completamente diferente. Requiere que pongas cada decisión previa en tela de juicio de forma regular, especialmente cuando te llega nueva información o adquieres una experiencia que contradiga o desafíe el pensamiento sobre el cual la decisión fue tomada en primer lugar.

El pensamiento por defecto viene del concepto financiero del presupuesto base cero. En el presupuesto base cero, en lugar de ver cuánto aumentar o reducir un gasto particular en un período contable inminente, te haces la pregunta: «Si no estuviéramos gastando dinero en esta partida, ¿invertiríamos en ello hoy, sabiendo lo que ahora sabemos?».

Realiza un análisis SLQAS

A esta cuestión se le llama un análisis SLQAS. «**S**abiendo **L**o **Q**ue **A**hora **S**é, ¿hay algo que esté haciendo hoy que, si tuviera que hacerlo de nuevo, no me metería en ello?».

Olvídate de todo tu pensamiento anterior y disponte a desafiar todas las decisiones que has tomado con esta pregunta.

Si haces esta pregunta SLQAS y tu respuesta es «No, sabiendo lo que ahora sé, no me metería en ello de nuevo», entonces tu siguiente pregunta es: «¿Cómo puedo salir de esta situación, y con qué rapidez?».

Esto es lo que he descubierto. Cuando tu respuesta a la pregunta de pensamiento por defecto acaba con un «no», por lo general significa que es demasiado tarde para salvar la situación. La única pregunta ahora es ¿cuánto tiempo vas a esperar, y cuánto va a costar, antes de que finalmente lo enfrentes y dejes de hacer lo que estás haciendo?

Tres áreas de pensamiento por defecto

Hay tres áreas principales donde el pensamiento por defecto es aplicable en toda tu vida y tu carrera. La primera tiene que ver con las *relaciones*. ¿Hay alguna persona en tu negocio o vida personal con la que no te involucrarías hoy, si tuvieras que hacerlo otra vez, sabiendo lo que sabes ahora?

¿Hay alguna persona a la que no contratarías, ascenderías, asignarías o delegarías una tarea, sabiendo lo que ahora sabes acerca de esta persona?

El ochenta y cinco por ciento de tu infelicidad, estrés y frustración en la vida, personal y laboral, vendrá de tu continuidad a asociarte, vivir o trabajar con alguien que, sabiendo lo que sabes ahora, no te involucrarías para empezar.

La segunda área donde se aplica el pensamiento por defecto tiene que ver con cada parte de tu *negocio*. ¿Hay algo que estés haciendo en tu negocio que, sabiendo lo que sabes ahora, no volverías a poner en marcha si tuvieras que hacerlo de nuevo?

¿Hay algún producto o servicio que estés ofreciendo que no llevarías al mercado, sabiendo lo que sabes ahora?

¿Hay alguna técnica de mercadotecnia, ventas o desarrollo del negocio que, sabiendo lo que sabes ahora, no empezarías a utilizar hoy si tuvieras que hacerlo de nuevo?

¿Hay algún proceso, procedimiento o método de hacer negocios que, sabiendo lo que sabes ahora, no aplicarías de nuevo hoy?

La tercera área donde aplicar el pensamiento por defecto es en lo que respecta a las *inversiones* de dinero, tiempo o emoción. Los seres humanos odian perder dinero, por lo que sea. Pero muchas de nuestras mejores y más cuidadosamente consideradas decisiones sobre inversiones monetarias, tanto en los negocios como en la vida personal, resultarán ser erróneas en un grado u otro. Simplemente pregúntate: «Si yo no hubiera invertido dinero en este producto, servicio o actividad, ¿invertiría dinero hoy sabiendo lo que ahora sé?».

Si la respuesta es «no», la siguiente pregunta es: «¿Cómo puedo salir de esta situación, y con qué rapidez?».

Ten la voluntad de frenar tus pérdidas, admitir que cometiste un error, que estabas equivocado, y que en base a la información actual aquella no fue una buena inversión. Niégate a arrojar dinero a un pozo sin fondo por culpa de negarte a admitir que has cometido un error.

Del mismo modo que la gente odia perder dinero, también odia perder el tiempo. Es posible que hayas invertido una enorme cantidad de tiempo en el desarrollo de un nuevo producto o proyecto, en aprender un nuevo tema o habilidad, o en escoger una carrera en particular. Ahora te das cuenta de que, sabiendo lo que ahora sabes, no fue una buena idea. Has perdido el tiempo. Se ha ido para siempre. Tu solución es dejar de invertir tiempo en una situación o área en la que es evidente que tu inversión original se ha perdido.

Por último, es muy común para nosotros invertir una gran cantidad de emociones, especialmente en las relaciones (laborales y personales) y en las decisiones importantes (estudios o elección de carrera). Sin embargo, si está claro que hemos cometido un error y que toda nuestra inversión emocional no ha sido de utilidad alguna, debemos estar dispuestos a descartarlo y pasar a otra cosa.

Con el fin de pensar de forma creativa y llegar a las mejores nuevas ideas para el futuro, tienes que estar dispuesto a despejar los bloqueos mentales que te impiden el pensamiento creativo. El pensamiento por defecto es una de las mejores herramientas que puedes utilizar para mantenerte flexible y abierto y llegar a ser un pensador competente y creativo en todas las áreas de tu vida.

EJERCICIOS PRÁCTICOS

1. Identifica una relación en tu vida, laboral o personal, con la que no te involucrarías de nuevo hoy, y disponte a ponerle fin lo antes posible.

2. Identifica una actividad en tu negocio o vida personal que no pondrías de nuevo en marcha si tuvieras que hacerlo otra vez, y decídete a zafarte de ello de inmediato.

DIECISÉIS

Afronta la realidad

EL EXPRESIDENTE y director general de GE, Jack Welch, dijo una vez que la regla más importante de los negocios es el «principio de realidad». Esta es la capacidad de ver el mundo tal como es en realidad, en lugar de como desearías que fuera. Es la capacidad de ser perfectamente honesto contigo mismo en cualquier situación, no importa el ego que hayas invertido en tener la razón. Cuando Jack Welch entraba en una reunión de resolución de problemas, la primera pregunta que hacía era: «¿Cuál es la realidad?».

Esta debería ser tu pregunta también. ¿Cuál es la realidad? Recorre todas las áreas de tu negocio y tu vida personal y hazte esa pregunta. «¿Hay algo que esté haciendo en lo que no me involucraría hoy, si tuviera que hacerlo de nuevo, sabiendo lo que ahora sé?».

Tarde o temprano, la realidad ajustará cuentas contigo. No se puede evitar. Los tiempos han cambiado y la situación en la que te encuentras ya no es sostenible. Está acabada. Terminada. Tendrás que seguir adelante. La única pregunta es: ¿hasta cuándo esperarás y qué precio pagarás antes de admitir la realidad?

Felizmente, cuando finalmente admites que, sabiendo lo que sabes ahora, no caerías en esta situación de nuevo, y decides acabar con ella, tendrás las dos reacciones que todas las personas experimentan. En primer lugar, sentirás una tremenda sensación de alivio y hasta euforia. Estarás feliz, porque una carga de estrés y frustración ha sido quitada de tus hombros y apartada de tu mente. En segundo lugar, te preguntarás: «¿Por qué no hice esto hace tiempo?».

Situación de crecimiento cero

Uno de mis clientes comenzó y construyó una empresa de éxito razonable. Pero en un momento dado, el negocio se estabilizó en ventas y no fue capaz de crecer más. Esta falta de crecimiento le generó una buena dosis de frustración e infelicidad a mi amigo, y a muchas otras personas de la empresa. No importaba lo que hicieran: no podían alcanzar o adelantar a su competencia.

Por supuesto, culpaban de sus problemas a una variedad de factores, tales como la competencia, la economía actual, los cambios en la tecnología, la publicidad ineficaz, los problemas de servicio y defectos del producto, y así sucesivamente.

La transformación de su negocio llegó cuando el presidente finalmente se dio cuenta de que su mejor amigo, que había estado con la compañía desde el principio, era el verdadero problema y obstáculo para cualquier éxito futuro. Había realizado una valiosa contribución cuando la empresa era pequeña y en crecimiento, pero estaba totalmente abrumado por la complejidad de la gestión de una organización más grande.

Cuando mi cliente reemplazó a su amigo (lo que fue una decisión directiva estresante y costosa), el estancamiento de la compañía llegó a su fin. La empresa trajo a nuevas personas mucho más competentes y capaces, con experiencia en ventas, mercadotecnia, financiación y posicionamiento frente a la competencia. En doce meses, las ventas y los beneficios de la empresa se habían duplicado, y han seguido creciendo hasta nuestros días.

La valentía es la clave

Se requiere de ti un enorme valor para dar un paso atrás y mirar con honestidad y objetividad tu vida y trabajo. A menudo tienes que admitir que has cometido un error, o que una decisión que tomaste anteriormente ha resultado ser una decisión equivocada, sobre la base de la situación tal como es hoy.

Mark McCormack, un ejecutivo multimillonario que construyó la mayor empresa de mercadotecnia deportiva del mundo, escribió en su libro *Lo que no le enseñarán en la Harvard Business School*, que había tres declaraciones que un ejecutivo eficaz tenía que aprender a utilizar pronto y a menudo si quería tener éxito en un mercado turbulento y de rápida evolución.

En primer lugar, tienes que aprender a decir las palabras: «Me equivoqué». De acuerdo con la American Management Association, el setenta por ciento de las decisiones de gestión resultarán ser equivocadas con el paso del tiempo. Irán un poco mal, muy mal, o serán desastres completos. Tan pronto como te des cuenta de que has cometido un error de cualquier tipo, prepárate para admitir que te equivocaste y minimizar el daño tanto como te sea posible.

La segunda declaración que debes aprender a utilizar pronto y con frecuencia es: «Cometí un error».

Se ha dicho que «cada problema grande fue una vez un pequeño problema y pudo haberse resuelto fácilmente en ese momento». Es increíble la cantidad de errores a los que se les permite hacerse más y más grandes, como un fuego de pradera, cuando podrían haber sido resueltos con rapidez en una fase temprana por alguien con la fuerza de ego suficiente para admitir simplemente: «Cometí un error».

Desarrolla flexibilidad mental

La tercera declaración que debes aprender a decir es: «He cambiado de opinión».

Muchas personas, como resultado de experiencias de la infancia, han crecido con la idea de que es un signo de debilidad cambiar de opinión o revertir una decisión que han tomado. Pero no es así. En una época de cambios rápidos, es un signo de coraje, carácter y competencia darse cuenta de que la situación ha cambiado y que debes cambiar tu forma de pensar también si quieras sobrevivir y prosperar.

En mi empresa, continuamente recuerdo a la gente que está bien cometer un error. Una nueva chispa de información sobre el mercado puede invalidar por completo el mejor pensamiento que hayas tenido hasta ese punto. Puedes desarrollar un plan estratégico completo el viernes y recibir una nueva información el lunes que te obligue a tirarlo a la basura y empezar de cero.

EJERCICIOS PRÁCTICOS

1. Pregúntate: «¿Estoy viendo la situación como realmente es, o como espero que sería?». Sé completamente honesto contigo mismo. Tarde o temprano, tendrás que enfrentar la realidad.

2. Siéntete cómodo diciendo las palabras mágicas: «Me equivoqué. Cometí un error. He cambiado de opinión».

DIECISIETE

No dejes que los obstáculos sean un problema

EN EL CAMINO hacia el logro de cualquier negocio u objetivo personal habrá barricadas y obstáculos. Algunos serán claros y evidentes, y otros serán invisibles e inesperados. Algunos obstáculos serán lo que Donald Rumsfeld llama «las incógnitas desconocidas».

Ya discutimos la idea de los «problemas acuciantes» en capítulos anteriores. Uno de los principales usos de la creatividad es identificar todos los factores que frenan el alcance de tus metas y objetivos más importantes. A continuación, debes examinar estos temas para determinar tu mayor obstáculo, el cual al ser eliminado puede ayudarte a alcanzar tus metas más rápido que la supresión de cualquier otro obstáculo.

La roca en el camino

Imagínate a ti mismo con un grupo de personas caminando por una carretera de montaña. Doblas un recodo, y ante ti tienes una enorme roca que ha caído y ahora está bloqueando el paso. En esta metáfora, el propósito de la organización es reunir los diferentes talentos y habilidades necesarias para eliminar esta «piedra en el camino» que te impide cumplir con cualquier progreso ulterior.

Un grupo de mis socios de negocios en Los Ángeles montó una empresa de alta tecnología que ofrecía un valioso servicio para las empresas que cotizan en bolsa. Actualizaban continuamente el producto y los clientes que lo utilizaban informaban de excelentes resultados. El problema era que no tenían suficiente mercado para cubrir las pérdidas, y mucho menos para obtener beneficios. Levantaban continuamente nuevos fondos de inversores potenciales para mantenerse con vida. Esta situación se mantuvo durante varios años.

Luego tuvieron una gran revelación, una que no es rara entre las empresas de la industria de la alta tecnología. Se dieron cuenta de que su problema no era la necesidad de mejorar continuamente su tecnología, sino de vender su tecnología a más clientes. Dado que venían de una formación técnica, nunca se les había ocurrido que el producto o servicio fuese secundario respecto a la capacidad de vender en cantidades suficientes para obtener beneficios.

Céntrate en las ventas

Con esta revelación, centraron su atención en la búsqueda de un profesional de ventas externo, alguien llamado un «superador», que podía dirigir las ventas de sus productos a un mercado más amplio. Una vez que tuvieron clara la solución que necesitaban, pronto encontraron a la persona adecuada con el conjunto adecuado de habilidades de ventas.

En un año, con el comercial de ventas trabajando agresivamente cincuenta horas a la semana, la compañía pasó de pérdidas a ganancias. Durante el segundo año, las ganancias se duplicaron y triplicaron. Para el tercer año, las ganancias aumentaron diez veces más de lo que la empresa se hubiera imaginado en el pasado. El precio de las acciones subió diez veces también, y todos los problemas financieros acumulados en los últimos años se resolvieron rápidamente.

¿Cuál es tu «roca»? ¿Cuál es el obstáculo número uno que está frenando el logro de aquellos resultados personales o financieros que deseas? Sea lo que sea, debes tener absolutamente claro tu mayor problema, y entonces debes de alguna manera rodear, escalar o atravesar esa gran roca con el fin de lograr tu objetivo más importante.

Identificar tu roca más importante y centrar todas tus energías mentales en derribar ese obstáculo del camino te ayudará a hacer más progresos en poco tiempo que si te pusieras a apartar los restantes pequeños obstáculos en tu camino.

El problema fragmentado

En los negocios, el obstáculo u obstáculos que te retienen suelen aparecer como un problema complejo o «fragmentado». Este es un problema con muchos factores pequeños, todos los cuales conspiran juntos para apartarte del tipo de progreso que deseas.

Sin embargo, en un problema complejo y fragmentado, siempre parece haber un gran problema que debe quedar resuelto antes de que todos los pequeños problemas puedan solucionarse. Una vez que el principal problema se resuelve o retira, todos los problemas más pequeños parecen seguir su curso con bastante rapidez.

El mayor error que la gente comete es preferir hacer lo que es divertido y fácil en lugar de lo que es justo, necesario y difícil. Les gusta juguetear con los pequeños obstáculos y problemas del día a día. Se distraen e ignoran la enorme roca o el factor limitante que es el principal obstáculo que los frena.

EJERCICIOS PRÁCTICOS

1. Identifica el mayor obstáculo, dentro o fuera de tu negocio, que está limitando tus ventas y rentabilidad actuales.

2. Siéntete cómodo diciendo las palabras mágicas: «Me equivoqué. Cometí un error. He cambiado de opinión».

DIECIOCHO

Las siete fuentes de la innovación

EN EL EXCELENTE LIBRO *La innovación y el empresario innovador*, Peter Drucker describe las siete principales fuentes de innovación para empresas de todo tipo. Mientras buscas formas creativas de hacer crecer tu negocio, comienza con estas siete fuentes de innovación.

El evento inesperado

El evento inesperado —el éxito o el fracaso inesperado, o el acontecimiento marginal que conduce o indica una nueva oportunidad de negocio— suele ser esa innovación revolucionaria que cambia toda una industria.

Pierre Omidyar tenía una colección de dispensadores de caramelos Pez que quería vender en el mercado. Como no había un sitio web para ello, creó eBay para venderlos al mejor postor. La respuesta fue tan inmediata y enorme que decidió ofrecer productos adicionales en venta mediante el modelo de subasta de eBay. Este éxito inesperado, que él reconoció y aprovechó rápidamente, lo convirtió en uno de los hombres más ricos del mundo.

Muchos avances innovadores en los negocios están también provocados por un fracaso inesperado. A menudo, un fiasco inesperado del producto conduce a un replanteamiento y rediseño que impulsa la creación de otro producto que se vuelve muy popular.

Incongruencia

Otra fuente de innovación es una incongruencia entre la realidad de lo que es y lo que «debería» ser. En otras palabras, una incongruencia se produce cuando las cosas tienen que suceder de una determinada manera y no lo hacen.

Observa tu negocio. ¿Hay algo que esté sucediendo en tu negocio, y en la demanda del mercado, que sea diferente a lo que habías previsto inicialmente? Estas incongruencias podrían ser fuentes de productos y servicios innovadores que podrían transformar tu negocio.

Crear necesidad

Otra fuente importante de innovación es crear necesidad. Hay avances en la tecnología, la técnica o un sistema que necesitas en la empresa para superar un problema o una deficiencia, que a menudo requieren el desarrollo de un proceso con aplicaciones comerciales. Puede ser algo que puedes utilizar para superar un factor limitante que te aparta de dominar el mercado.

Cuando a Tom Monaghan se le ocurrió la idea de entregar una pizza en treinta minutos o menos, los dueños de la pizzería donde trabajaba le dijeron que simplemente no se podía hacer. Cada pizza tenía que ser preparada a la orden antes de ser horneada, empaquetada y entregada a la persona que la pidió. El proceso no se podía hacer en menos de treinta minutos.

El avance de Monaghan fue simple. Basándose en su experiencia repartiendo pizzas y en un estudio de mercado, descubrió que el veinte por ciento de las pizzas ofrecidas representaban el ochenta por ciento de las pizzas pedidas. Entonces decidió abrir su propio restaurante de pizzas y cocinar solo ocho variedades: las más populares en términos de tamaño e ingredientes. Preparaba las pizzas más populares y las tenía a punto para su cocción conforme llegaban los pedidos. Antes de darse cuenta, Domino's Pizza había abierto 8.000 restaurantes en todo el mundo.

¿Cómo puedes cambiar o desarrollar un proceso que te permita servir a tus clientes mejor, más rápido, más barato o más convenientemente que tus competidores? Un pequeño cambio o mejora en el proceso de producción o entrega de tu producto puede proporcionarte la «ventaja competitiva» en tu industria.

Cambios en la estructura de la industria

Los cambios en la estructura de la industria, como resultado de una variedad de causas diferentes, son una cuarta fuente de innovación. Un buen ejemplo es la introducción del iPhone de Apple en 2006, que espoleó la entrada de Samsung en el mercado con sus teléfonos inteligentes de sistema operativo Android. En cinco años, tanto BlackBerry, que dominaba el mundo de la telefonía empresarial, y Nokia, que dominaba el mundo de los teléfonos móviles, quedaron reducidas a menos del diez por ciento de sus cuotas de mercado anteriores.

Cada nuevo descubrimiento, cada nuevo avance en la tecnología, cada iniciativa competitiva que cambia o altera una industria, abren oportunidades para nuevos productos y servicios que pueden ser altamente rentables en los mercados actuales rápidamente cambiantes.

Cambios demográficos

Los cambios demográficos están generando importantes innovaciones en los sectores público y privado de nuestro país y en todo el mundo. En los próximos veinte años, los *baby boomers* se jubilarán a un ritmo de diez mil por día. Las necesidades, deseos y aspiraciones de los ciudadanos mayores —en estilo de vida, salud, medicina, viajes, transporte y cualquier otro campo— están creando enormes mercados para nuevos productos y servicios, que conllevan fortunas para muchos ejecutivos y empresas innovadoras.

El cambio en la población de Estados Unidos hacia los estados más cálidos del sur y el oeste, lejos del norte y la costa este, ha traído enormes cambios y oportunidades en la construcción de viviendas, comercio minorista, atención médica, productos y servicios del estilo de vida, seguros y un sinnúmero de otras áreas.

Uno de los cambios más profundos es el alejamiento de la población de los estados con impuestos y regulación altos a estados con impuestos y regulación bajos. Solo Texas, sin impuestos sobre la renta y un sistema de regulación favorable a los negocios, ha creado más puestos de trabajo en los últimos cinco años que los restantes cuarenta y nueve estados juntos. Estas tendencias continuarán.

Cambios en valores y percepciones

Los cambios en las percepciones también pueden conducir a la innovación. Por ejemplo, hay un énfasis mucho mayor en los alimentos saludables y el ejercicio hoy que en la última generación. Esta preocupación por una vida más larga, mejor salud y más energía ha impulsado la locura de los alimentos ecológicos y la industria de las vitaminas. El promedio de vida ha aumentado de los sesenta años en 1935 a los ochenta años en 2014. Cada vez más gente quiere vivir más, mejor y con una vida más saludable que nunca. Este deseo por parte de millones de consumidores relativamente ricos está creando oportunidades ilimitadas de negocio para los empresarios innovadores que pueden desarrollar nuevos productos y servicios para satisfacer estas necesidades.

Nuevo conocimiento

El nuevo conocimiento, tanto científico como no científico, crea nuevas tendencias económicas, oportunidades e incluso industrias completamente nuevas.

La capacidad de incorporar la mayor parte de las funciones de un ordenador personal a un dispositivo como el iPad de Apple ha transformado el mundo de la computación móvil, lo que ha conducido a un número cada vez más bajo de ventas de ordenadores personales y a la guerra de precios que están diezmando muchas de las empresas líderes en la industria del ordenador personal. Al mismo tiempo, se están rindiendo muchos millones y miles de millones de dólares en ventas e ingresos por aquellas empresas que crean nuevas aplicaciones y servicios móviles para los propietarios de tabletas.

A la vez, el nuevo conocimiento es la fuente menos fiable de la innovación, ya que requiere mucho tiempo para entrar en el mercado, y es muy difícil saber exactamente lo que sucederá como resultado de ese nuevo conocimiento.

EJERCICIOS PRÁCTICOS

1. Imagina que estuvieras comenzando tu negocio otra vez, con tu conocimiento y experiencia actuales y con un mundo rápidamente cambiante a tu alrededor. ¿Qué pondrías en marcha, y qué dejarías?

2. Identifica las tendencias más importantes en tu ámbito de negocios a día de hoy y proyecta a cinco años para determinar los productos y servicios que tendrás que estar ofreciendo para sobrevivir y prosperar en ese momento.

DIECINUEVE

Diez soluciones creativas a los productos obsoletos

CUALESQUIERA QUE SEAN los productos o servicios que te hayan permitido alcanzar el lugar que ocupa tu negocio o industria en la actualidad, no serán suficiente para ir mucho más lejos. El ochenta por ciento de los productos y servicios que las personas van a utilizar dentro de cinco años no existen en la actualidad. Esto significa que, de media, el veinte por ciento de los productos y servicios ofrecidos en el mercado a día de hoy, incluyendo los tuyos, estarán obsoletos dentro de doce meses y deberán ser reemplazados con productos y servicios que sean más atractivos para más clientes.

Aunque a primera vista el problema de la obsolescencia puede parecer desalentador, de nuevo las soluciones más creativas vendrán provocadas por las preguntas correctas. Haz preguntas continuamente acerca de tus productos o servicios para estimular ideas para hacerlos más comercializables o rentables.

Aquí hay algunas preguntas que puedes plantear y responder de forma regular.

1. *¿Podrías destinar tus productos o servicios a otros usos?* ¿Podrían ser utilizados por otras empresas, otras industrias u otros clientes?

Una de nuestras reglas es que si tienes un buen producto o servicio y tus clientes no lo están comprando, deberías cambiar de clientes en lugar de cambiar tu producto. Tal vez estés dirigiendo tu comercialización y esfuerzos de ventas hacia el objetivo equivocado.

2. *¿Podrías adaptar, copiar o emular lo que otra persona está haciendo para mejorar tus productos o servicios?* Una de las cosas más inteligentes que puedes hacer en los negocios es admirar a tus competidores exitosos y luego buscar la manera de hacer algo mejor.

Puedes buscar la manera de transferir una innovación o una tecnología de una industria a otra. Henry Ford tuvo la idea de la línea de producción observando una planta empaquetadora de carne en funcionamiento.

¿Qué ejemplos de empresas exitosas a tu alrededor puedes copiar para que tu negocio funcione de manera más eficiente y rentable?

3. *¿Podrías modificar, cambiar o volver a empaquetar un producto existente para que parezca o se vea como algo diferente?* ¿Podrías darle un nuevo giro? Walt y Ray Disney estaban visitando los jardines de Tivoli en Copenhague a finales de 1940 y se dieron cuenta de que el parque estaba impecable, que no había ni una cerilla o un pedazo de papel en ninguna parte. Por el contrario, casi todos los parques de atracciones de Estados Unidos, grandes y pequeños, incluyendo las ferias de pueblo y rodeos, estaban sucios y llenos de basura y comida por el suelo. En ese momento, Walt concibió Disneylandia. Se dijo: «Voy a construir un parque de atracciones tan limpio y hermoso que los padres vengan con sus hijos de todas partes para visitarlo una y otra vez». El resto es historia.

4. *¿Podrías ampliar el producto?* ¿Podrías hacerlo más grande, más dinámico o más destacable? ¿Podrías aumentarlo de alguna manera con el fin de hacerlo más atractivo?

Cada año la familia reservamos un crucero de una semana por el Caribe en el trasatlántico Allure of the Seas. Cuando se construyó, era el barco de cruceros más grande de la historia, con una capacidad para cinco mil personas. Incluye siete ambientes completamente diferentes, desde el subtropical al desértico, y tiene muchos restaurantes europeos y americanos ambientados como si estuvieran en un paseo marítimo.

5. *¿Podrías minimizarlo?* ¿Podrías hacerlo más pequeño, más manejable o más económico? ¿Qué podrías eliminar o restar para que fuera más sencillo? ¿Podrías descomponerlo en piezas para venderlas por separado?

6. *¿Qué tal un sustituto?* ¿Podrías utilizar un material o método de fabricación o proceso de distribución diferente, o utilizar una forma diferente de publicidad o envase?

7. *¿Podrías reorganizar o intercambiar componentes de tu producto o servicio?* Al hacer esto, ¿hay alguna manera de que tu producto o servicio sea más atractivo, más vendible, más barato o más deseable para más clientes?

8. *¿Podrías revertir tu pensamiento y adoptar un enfoque completamente opuesto a lo que estás haciendo* *actualmente?* Uno de los cambios que utilicé hace muchos años fue que, en lugar de bajar el precio para eliminar un exceso de stock, lo elevé. Debido a un mayor valor percibido, y un par de bonificaciones especiales que incluimos, eliminamos un producto que no habíamos sido capaces de mover durante varios meses.

9. *¿Podrías combinar tu producto con otra cosa?* ¿Podrías agruparlo con otros elementos para ofrecer una oferta de mayor valor?

Al incluir todo lo que el cliente necesita en un determinado producto o servicio dentro de una sola oferta a precio único, disminuyes drásticamente las complejidades e incertidumbres de compra al tiempo que aumentas el atractivo de tu producto o servicio.

10. *¿Puedes encontrar valor en un subproducto?* A veces puedes. Está la historia del fabricante de electrodos ECG adhesivos. Estos electrodos eran círculos de unos ocho centímetros a los que se les perforaba en el centro un agujero de dos centímetros, cuyo material era desechado.

Un día, el fabricante decidió empaquetar esos desechos o «puntos». Encontraron docenas de usos: como topes para evitar que las puertas y cajones se cerraran de golpe, o para evitar que las fotos rasparan las paredes, o para ayudar a identificar el equipaje de los pasajeros en el aeropuerto. El fabricante regalaba estos «puntos» a sus clientes, que quedaban encantados, y no costaban prácticamente nada a la compañía.

Piensa y observa el mundo desde las mentes y los ojos de tus clientes. ¿Qué es lo que tus clientes quieren y necesitan tanto que están dispuestos a pagar? ¿Cómo podrías proporcionar a tus clientes una experiencia de compra que fuera superior a la de tus competidores? No hay fin para las respuestas a estas preguntas.

EJERCICIOS PRÁCTICOS

1. Identifica tres maneras específicas en las que podrías mejorar tus ofertas actuales de productos o servicios para hacerlos más atractivos a tus clientes.

2. Telefonea a diez de tus mejores clientes y pídeles opiniones y consejos sobre cómo puedes hacer tus productos o servicios más atractivos y útiles para ellos. Probablemente te sorprenderá la cantidad de buenas ideas que te darán.

VEINTE

El principio de la ingeniería de valor

LA INGENIERÍA DE VALOR es un sencillo método de evaluar la utilidad de un nuevo producto haciendo algunas preguntas clave:

1. ¿Cuál es el producto o servicio? Descríbelo desde la mente del consumidor.
2. ¿Qué hace? ¿Exactamente? ¿Cómo mejora la vida o el trabajo del cliente?
3. ¿Cuánto cuesta?
4. ¿Qué más cumple la misma función?
5. ¿Cuánto cuesta esa alternativa?

Los seres humanos son a menudo descritos como «homo economicus», o como el hombre (o mujer) económico. Siempre tratamos de obtener lo máximo al menor coste posible, considerando todas las cosas. Si tienes un producto o servicio que, en los corazones y las mentes de tus clientes es similar al de los demás, el precio tiene que ser igual o menor que el de tus competidores si quieres sobrevivir y prosperar en cualquier mercado.

Muy a menudo, este principio de la ingeniería de valor te llevará a la contratación externa. Es posible que en lugar de hacer algo de forma interna, puedas encontrar otra empresa con mejores capacidades o instalaciones y ahorrar dinero al tener a esta empresa externa haciendo ese trabajo.

Esta necesidad de ofrecer mejores productos y servicios al precio más bajo posible es la fuerza impulsora detrás de la externalización y la deslocalización. El deseo de la gente por los precios bajos es lo que traslada la fabricación mundial desde los países con alta producción y altos costes de mano de obra a los países de Asia y África, con menores costes de mano de obra y de producción.

EJERCICIOS PRÁCTICOS

1. Describe tus productos o servicios en función de lo que hacen para mejorar la vida o el trabajo de tu cliente. ¿De qué otra manera podrías lograr esta mejora, o cualquier otra, para tus clientes?

2. La gente compra un producto o servicio para que realice una tarea que quieren y necesitan hacer. ¿Qué trabajos adicionales necesitan realizar tus clientes que tú puedes ofrecer o desarrollar productos o servicios para ello?

VEINTIUNO

Examina tus ideas

LAS IDEAS SON muy comunes. El ochenta por ciento de los nuevos productos producidos, incluso tras una extensa investigación y período de pruebas, fracasarán, y el noventa y nueve por ciento de las nuevas ideas resultan ser poco prácticas. Antes de enamorarte de tus ideas, somételas a una rigurosa evaluación.

En primer lugar, ¿es eficaz? ¿Funcionará? ¿Marcará una diferencia significativa? ¿Es una idea lo suficientemente buena para traer una mejora significativa a la situación actual?

Eficiencia

¿Es tu nuevo producto o servicio eficiente? ¿Es una mejora significativa respecto a la situación actual? He visto a muchas personas entrando en el mercado con sus productos y servicios pensando que la gente los va a comprar porque van a venderlos con gran habilidad y determinación. Lo que hay que preguntarse, sin embargo, es esto: «¿Por qué los clientes dejarían de comprar algo con lo que ya están contentos y en cambio comprarían tu producto?».

Tu producto siempre tiene que ser una mejora significativa sobre lo que existe actualmente.

Compatibilidad

¿Es tu nuevo producto o servicio compatible con la naturaleza humana? ¿Es compatible con la forma en la que a la gente le gusta comprar? Hoy día, la gente hace compras en línea para adquirir las cosas que quieren en lugar de pasar por la molestia e incomodidad de montar en sus coches y atravesar la ciudad para comprar en una tienda. Muchas otras personas todavía van a la tienda por la experiencia de compra. Esto es porque a la gente le gusta tocar, probar, oler y sentir las cosas antes de comprarlas. Les gusta la experiencia de comprar en vivo.

¿Cuál de estos métodos de compra es el más popular entre los productos que vendes?

¿Te gusta?

¿Te gusta tu nuevo producto o servicio de innovación? ¿Lo comprarías y usarías en tu hogar o negocio? ¿Lo recomendarías o venderías a tu madre, padre, hermano, hermana o mejor amigo? Los avances innovadores de mayor éxito en las empresas de más rápido crecimiento son aquellos en los que los propietarios de la empresa y los ejecutivos realmente creen, disfrutan de su uso y se lo recomendarían a cualquiera.

¿Es tu nueva idea de producto o servicio compatible con tus objetivos? ¿Es una idea con la que tú u otra persona podrían comprometerse totalmente? Si no es compatible con lo que quieres lograr en tu vida de forma que puedas comprometerte de todo corazón, tal vez deberías pasárselo a otra persona.

¿Es simple?

Por último, ¿es simple? En el análisis final, casi todas las grandes innovaciones son simples. Pueden ser explicadas en veinticinco palabras o menos. El cliente del mercado puede escuchar una descripción de la innovación y decir: «Sí, es bueno. Eso es lo que quiero. Me lo llevo. Eso es lo que necesito».

La simplicidad es la clave del éxito en la presentación de un nuevo producto o servicio ya que tiene que ser vendido por gente común, y la gente común no es necesariamente experta en todas las ofertas que vende. Tiene que ser comprado por gente común, y no se puede esperar que la gente común entienda los entresijos del producto o servicio. Puede ser que no comprendan fácilmente el producto o su verdadero valor.

¿Es el momento adecuado? ¿Es práctico ahora? A veces una idea llega al mercado demasiado pronto o demasiado tarde. Una gran idea para un producto de lujo es probable que tenga problemas para ponerse de moda en un momento de recesión. Del mismo modo, un elemento de descuento puede fracasar en un momento de auge.

¿Es factible? ¿Vale la pena comprometer el tiempo, el trabajo y el coste para producir y entregar el nuevo producto o servicio?

EJERCICIOS PRÁCTICOS

1. Disciplínate para hacer las «preguntas brutales» acerca de tu idea de producto o servicio, y sobre todo pide las opiniones de tus clientes actuales y potenciales antes de invertir en traer un nuevo producto o servicio al mercado.

2. Recuerda las reglas de oro del éxito empresarial. Regla número uno: el cliente siempre tiene la razón. Regla número dos: en caso de duda, regresa a la regla número uno.

Conclusión

ERES UN genio en potencia. Tienes más potencial del que podrías utilizar en cien vidas. Según Tony Buzan, experto en el cerebro, el número de pensamientos e ideas que generas utilizando tus cien mil millones de neuronas cerebrales es mayor al de todas las moléculas en todo el universo conocido.

Tienes dentro de ti, ahora mismo, la capacidad de desarrollar un flujo continuo de grandes ideas para producir, comercializar y vender más y mejores productos y servicios a más personas en más mercados de lo que nunca hayas tenido. Si formulas y respondes a las preguntas planteadas en este libro, tu mente bailará continuamente con nuevas ideas, brillando como un árbol de Navidad de conocimiento, todos los días.